I0569902

Todos los libros de Linkgua Ediciones cuentan con modelos de Inteligencia Artificial entrenados por hispanistas. Pregúntale al chat de tu libro lo que desees acerca de la obra o su autor/a.

Para ebooks: Accede a nuestro modelo de IA a través de este enlace.

Para libros impresos: Escanea el código QR de la portada con tu dispositivo móvil.

Obtén análisis detallados de nuestros libros, resúmenes, respuestas a tus preguntas y accede a nuestras ediciones críticas generativas para una experiencia de lectura más enriquecedora.
La transparencia y el respeto hacia la autoría de las fuentes utilizadas son distintivos básicos de nuestro proyecto. Por ello, las respuestas ofrecen, mediante un sistema de citas, las fuentes con las que han sido elaboradas.

Agustín Álvarez

La transformación de las razas en América

Barcelona 2024
Linkgua-ediciones.com

Créditos

Título original: La transformación de las razas en América.

© 2024, Red ediciones S.L.

e-mail: info@red-ediciones.com

Diseño de cubierta: Michel Mallard.

ISBN rústica ilustrada: 978-84-9953-263-9.
ISBN tapa dura: 978-84-9816-726-9.
ISBN eboxok: 978-84-9953-262-2.

Sumario

Brevísima presentación

La vida

Agustín Álvarez (Mendoza, 1857-1914). Argentina.

Estudió en la Facultad de Derecho de la Universidad de Buenos Aires, donde se graduó en 1888. Fue juez y diputado nacional en el Congreso entre 1892 y 1896. Colaboró en la fundación en 1905 de la Universidad de La Plata, siendo su primer vicepresidente y alcanzó el grado de general en el ejército argentino.

Perteneció a la generación de 1880, influida por el positivismo y el liberalismo.

La evolución del espíritu humano

La madre de los borregos

La necesidad específica del entendimiento es la explicación, como la necesidad específica del estómago es el alimento. El hambre y la curiosidad son, pues, los dos factores primitivos y fundamentales del ser humano: el uno para asegurar el crecimiento físico, el otro para asegurar el crecimiento mental, igualmente necesario para la conservación del individuo y de la especie.

Sin alas, sin cola, sin trompa, sin garras, sin colmillos, sin veneno, sin púas, sin cuernos, sin caparazón, sin agilidad, solo por la inteligencia podía el hombre sobreponerse a las demás especies animales en la lucha por la vida; pero, en cambio, la inteligencia era de suyo un arma o un poder susceptible de desarrollarse indefinidamente, de levantarse más alto que los pájaros y de caer más bajo que los reptiles.

Es necesario obrar para vivir, y es necesario saber para obrar. Saber al derecho o al revés, saber bien o saber mal, da lo mismo para determinarse a la acción o la inacción y conducirse en ellas, y solo es diferente para el resultado.

Para orientarse en el mundo, más allá del hábito heredado en el instinto, es necesario tener un concepto, una idea, una explicación del mundo, muy burda en un principio, y de más en más elaborada después, porque solamente las explicaciones burdas pueden satisfacer a los entendimientos burdos, y solamente las explicaciones refinadas pueden satisfacer a los espíritus refinados.

Así, para la credulidad fundamental del niño, del salvaje y del ignorante, las explicaciones son tanto más creíbles cuanto son más disparatadas, más extraordinarias, más fantásticas, que es decir, más atrayentes, más impresionantes sobre la imaginación predominante en ellos.

Los sistemas de explicación del universo, las creencias *a priori* sobre lo desconocido, eran tan necesarias al hombre para rumbear y desempeñarse en la maraña de bienes y de males en que se desenvuelve la vida, como las sendas y los caminos para transitar sobre el suelo, y en ambos terrenos el ensanche del tráfico tenía que producir necesariamente el ensanche de la vía.

Descubrir el modo y la razón de ser propias de los hechos y de las cosas era imposible. Imaginárselos, era fácil e inevitable, pues cercados en todas direcciones por el misterio, urgidos por la necesidad de saber para obrar y aguijoneados por la curiosidad de saber para saber, los hombres tenían que recurrir fatalmente a la cavilación para descifrar los enigmas del universo y de la vida, a fin de orientarse en el mundo y en la vida, y la loca de la casa tuvo que ser la encargada de amueblar y pertrechar la casa.

Para los primeros hombres, el antecedente conocido de sus acciones, el porqué de sus actos, fue ese misterio interior que llamamos la voluntad, y en función de este primer factor de los hechos propios se explicaron, naturalmente, los hechos ajenos como efectos de otras voluntades en las otras personas, en los animales y en las cosas, como el niño que se enoja con los juguetes indóciles a sus caprichos y los rompe, porque los cree culpables, que es decir, voluntarios; como los baqueanos de la cordillera que creen que la montaña desconoce a los forasteros y desencadena enseguida la tormenta para manifestar su disgusto; como los napolitanos supersticiosos que creen que las diligencias no gustan de los curas y se vuelcan de rabia cuando va alguno entre los pasajeros.

Tomando esta primera cosa conocida —el yo— como base o punto de referencia para la explicación de las demás cosas, el hombre llegó necesariamente a la personificación de todas las cosas del mundo real, desde luego, y a la de todas las del mundo imaginario después, suplicando en un principio directamente al Sol para que enviase la luz y el calor y evitase los nublados y los eclipses, y después a Horo, a Dionisos, a Febo Apollo, a Jehová, a Dios, a San Antonio o a San Francisco.

Empezando por suponer una voluntad dentro o detrás de las cosas para explicarse las particularidades de las cosas, el hombre llegó, por refinamientos sucesivos, a imaginarse los poderes invisibles como productores de los hechos incomprensibles, encarnándolos después en los fetiches para rendirles miedo, vale decir, culto.

Y una vez concebidos los factores imaginarios de los hechos y de las cosas, sobrevino la necesidad de influir sobre aquéllos, para influir sobre éstas, y el hechicero —embrión del obispo— tomó a su cargo en la tribu la provechosa función de espantar a los malos espíritus para sanar a los enfermos.

La necesidad trae la función y el funcionario trae el procedimiento. La necesidad de actuar sobre los poderes invisibles trajo al mago y el mago trajo la magia, hechicería en segundo grado, bifurcada ya en dos ramas o especialidades en el judaísmo y en el paganismo, la una para apaciguar a los poderes imaginarios irritados o propiciarlos por medio de sacrificios, laudatorias y genuflexiones, pues «la sangre y los sufrimientos de los humanos eran el néctar de los dioses»; la otra para pronosticar o predecir sus determinaciones, interpretando, según el método de los profetas, las visiones de la imaginación exaltada por el ayuno y la soledad, en el judaísmo, o los sueños y los presagios, según el método de las pitonisas y los augures en el paganismo.

Entretanto, al lado de las viejas mitologías y liturgias perfeccionadas, surgen la filosofía y la literatura griegas, que, disminuyendo la candidez humana, quebrantan primeramente el prestigio de los adivinadores del porvenir, y luego la eficacia misma de las teogonías corrientes para responder satisfactoriamente a la curiosidad humana ensanchada en el mundo greco-latino. Y el hombre necesita, entonces, en las costas del Mediterráneo, una nueva explicación de los hechos y de las cosas, del mundo, y se la proporciona el supernaturalismo cristiano, con los dos testamentos como nueva teoría de los hechos y de las cosas, y con los sacramentos —hechicería en tercer grado— como nuevo vehículo de comunicación entre los seres humanos que sufren los accidentes de la vida y los acontecimientos del universo, y los seres sobrehumanos que los producen, suspenden o cambian a su arbitrio.

En el Oriente quedaron los astrólogos para investigar el porvenir interrogando a los astros, y los nigromantes para conocer las cosas ocultas por las ciencias ocultas; en el Occidente, los exorcistas para expulsar los demonios del cuerpo de los poseídos, y los beatos para inducir a los muertos a producir bienes y evitar males para los vivos.

Aunque muy lentamente, porque la Iglesia, prohibiendo la duda y la curiosidad para preservar sus dogmas, ha mellado los aguijones que empujan a los hombres a buscar, investigar y averiguar para saber, el entendimiento humano ha seguido creciendo siempre en amplitud y en complejidad, con disminución consecutiva y paralela del miedo a las brujas, duendes, diablos y basiliscos, y el último traje o catecismo de terrores y esperanzas imaginarias, confeccionado con las revelaciones de los profetas y de los apóstoles, llega, también, a quedarle estrecho.

El exorcismo, que había hecho víctimas a millares de millares, quemando herejes, embrujados y endemoniados —histéricos, locos y sabios—, no pudo sostenerse ante la inteligencia humana llegada a más, y cayó el primero, definitivamente, en la aurora del siglo XIX.

En un principio, la Iglesia, por entonces omnipotente, luchando contra la incredulidad naciente, consigue mantener la integridad de su explicación-credo, destruyendo o aplastando a los que, desde el Renacimiento, empiezan a excederla en capacidad mental, pero éstos siguen brotando en todas partes y en tal progresión que la guerra, la excomunión, el tormento y la hoguera, funcionando en el máximum, no bastan, al fin, para extirparlos, y a su turno, ella también empieza a batirse en retirada, ante la marea creciente de los curiosos insatisfechos con la última explicación de lo natural por lo sobrenatural.

Porque la alquimia ha venido abriendo el camino a la física y a la química, han renacido la filosofía, la literatura y el arte, y el entendimiento humano, de nuevo en camino, empieza a repugnar los milagros de los muertos y los extravíos histéricos de los profetas y de los doctores de la Iglesia, en que siguen comulgando los pobres de espíritu.

Una nueva explicación del mundo empieza a ser necesaria para las inteligencias abiertas de la Europa y de la América, y la inician en el último siglo las ciencias positivas, prescindiendo del origen incognoscible de las cosas para explicar los hechos naturales por sus causas naturales; abandonando el porqué se producen, que hasta aquí ha separado a los hombres en fieles e infieles, enconados y enfurecidos recíprocamente sobre su diferente explicación *a priori* de los misterios del universo, para contraerse a investigar el cómo se producen, que siendo uno mismo para todos los observadores, constituye un capital común para los hombres de todas las razas, de todos los colores, los lugares y los climas, un vínculo de acercamiento recíproco para beneficio mutuo.

Y sin un sacerdocio desligado de la familia y de la patria y consagrado exclusivamente a propagarlo y explotarlo, sin órdenes de caballería y de predicadores a su servicio, sin jesuitas combatientes a sus flancos, sin misioneros que la difundan, sin un pontífice a su frente, sin déspotas que la impongan por la fuerza, la última explicación del universo y de la vida se ensancha, difunde y extiende espontáneamente, no sobre el filo del sable, como las religiones medioevales, sino en alas del libro y del periódico, enrolando por su propia superioridad intrínseca a todos los hombres y las mujeres, a medida que superan el nivel intelectual del pasado que produjo las supersticiones oficiales de las religiones oficiales, pues del mismo modo que el fetichismo católico, v. gr., resulta inadecuado para las tribus de negros de África, porque les queda demasiado grande para su entendimiento demasiado estrecho todavía, resulta, también, inadecuado para las inteligencias desenvueltas de la Europa y de la América porque les queda demasiado chico y demasiado mezquino.

De la crasa ignorancia a la más grosera superstición, y, ayudando la benignidad del clima y la fertilidad del suelo en las regiones privilegiadas, de una en otra superstición hasta la más alta, de la más alta a la ciencia; del credo obligatorio al libre pensamiento, de la verdad revelada a la verdad demostrada; de la magia religiosa a la mecánica racional; de las palmas benditas al pararrayo; del milagro al vapor, al ferrocarril, al telégrafo, al teléfono; de la rogativa a la cirugía y los sueros; de la censura eclesiástica a la libertad de la prensa; de «la santa ignorancia» a la instrucción obligatoria, tal ha sido la marcha ascendente del espíritu humano, impelido por la necesidad de conocer el porqué de las cosas para conducirse enfrente de las cosas.

Cuestión de millares o de centenares de siglos para subir los primeros escalones de la evolución, de decenas solamente para los últimos, ha llegado a ser, bajo el impulso de la instrucción pública liberal, cuestión de solo docenas de años para alcanzar aumentos apreciables de capacidad mental en el individuo y en la comunidad.

Pues, según leyes sicofisiológicas conocidas, el órgano que se ejercita se desarrolla, y alguna parte de esto o la aptitud para reproducirlo, se transmite, también, *grosso modo*, a la descendencia, por manera que, una vez así levantado por los hombres superiores y los medianos de una época el nivel moral o intelectual de la subsiguiente, los de ésta, emergiendo para su respectiva carrera desde una plataforma o base más alta, llegan más lejos con el mismo caudal o impulso, que es lo que explica el hecho notorio de que los hombres medianos y los superiores de Francia, por ejemplo, tomados en conjunto, valgan muchas veces más que los de España, en la misma pretendida raza latina, o los de la Argentina —que tuvo un Rivadavia, un Mitre y un Sarmiento— mucho más que los de Bolivia, que ha tenido muchos obispos y ningún educador, en la misma América del Sur y del Papa; lo que explica que un Voltaire, un Michelet, un Renan, un Taine, un France, siendo un hecho natural en Francia, serían un caso prodigioso en España, absolutamente imposible en Marruecos.

Ahora, la superstición, que no es más que un conocimiento falso de las cosas, es una forma de actividad de la mente —muy pobre, sin duda, pero «más vale algo que nada»— y de acuerdo con las leyes precitadas, la mente desarrollada por las primeras supersticiones, cuán lentamente lo fuera, creció, al fin, en alguna parte, lo bastante para excederlas, haciendo necesarias las segundas, después las terceras, y así sucesivamente, hasta culminar el género en el paganismo, el budismo, el judaísmo, el cristianismo y el mahometismo, que rematan la edad de la imaginación.

Pobremente alimentada con patrañas, mitos y leyendas, la inteligencia humana ha crecido, al fin, lo bastante para necesitar alimentos más consistentes, explicaciones menos fantásticas y más positivas de los hechos y de las cosas del mundo, y se inicia, entonces, la edad de la razón, con el dominio progresivo del hombre sobre las fuerzas de la naturaleza, conquistadas con los métodos positivos de investigación.

Como los hombres mismos, como los animales todos, que al término de su limitada carrera pasan a ser carga y estorbo, cartas de más en la baraja de la vida universal, que no puede conservar su perpetua juventud sino por la renovación perpetua, las creencias que se prolongan más allá de su radio de eficacia, acaban, como las uñas desmesuradamente alargadas de los aristócratas siameses, por embarazar y estrechar la existencia, debiendo ser, entonces, barridas por el olvido y la muerte bienhechores, para dar lugar a nuevas entidades, a nuevas formas del movimiento perpetuo de la materia. La evolución de las creencias ha sido paralela con la del entendimiento, y los dioses, los semidioses y las semidiosas actuales descienden de los fetiches prehistóricos, como el hombre contemporáneo desciende del hombre de las cavernas.

El empeño de mantener en pie lo que ha madurado para caer y desaparecer, se paga irremisiblemente en pérdida de vida nueva, y podría decirse que la mortalidad prematura de los hombres por intolerancia, imbecilidad remanente, ignorancia, miseria, suciedad, indolencia, pesimismo, etc., etc., está en los diferentes países en razón directa de la antigüedad y de la inmovilidad de sus respectivas creencias sobre el universo y la vida, que les impiden llegar sucesivamente a mejores procedimientos de disminuir el mal y aumentar el bien. Basta recordar que la peste humana, que puede ser detenida con solo matar ratones desde que se ha encontrado su bacilo, aniquiló la cuarta parte de la población de la Europa, cuando las epidemias eran combatidas con rogativas y procesiones, en el siglo XIV.

Las creencias son así un producto fatalmente pasajero del entendimiento humano en crecimiento incesante desde que se puso en marcha huyendo del mal y buscando el bien. Todo lo que ha sido materia de los terrores y de las esperanzas de los hombres en una época o en un estado de la evolución progresiva de la humanidad civilizada, ha perdido su valor en las subsiguientes. En el árbol de la vida psíquica, las hojas envejecen también, se secan, se caen y son reemplazadas por otras en la subsiguiente primavera del espíritu. En la inmensidad del tiempo, toda teoría de la vida es como la paja que lleva el viento, como el árbol que crece en el suelo y que no puede instituirse por sí mismo en ejemplar único y definitivo del reino vegetal sobre la tierra.

El mensaje de la esfinge

El primer rompecabezas en que se estrellaron los primeros caviladores ansiosos de saber misterios interrogando a la Esfinge, fue, sin duda, el fenómeno siempre imponente y universal de la muerte. Y una vez asomados al «agujero de sombra», y puestos a resolver el insoluble enigma, el deseo de ser y la imposibilidad de pensarse no siendo, les llevaron fatalmente a imaginarse una continuación ulterior de la vida.

Y aquí fue Troya, pues la emigración de los habitantes de las tumbas y la invasión del mundo de los vivos por los muertos, que se enseñoreaban de todas las cosas y de todas las gentes, esparciendo sobre los dominios de la vida las fatídicas tinieblas del reino de la nada, empezó entonces, y no ha concluido aún, sino para una feliz minoría de afortunados que ha conseguido ya escapar a la incontrarrestable tiranía de los potentados de la eternidad y a la abrumadora carga de sus representantes en la actualidad.

El hombre también había sacado un mundo de la nada, mejor dicho, una trinidad de mundos fantásticos, lamentablemente absurdos, inicuos, atroces, con un desván o entresuelo complementario para los cretinos y los recién nacidos: el mundo de los eternamente felices, el de los temporalmente desgraciados y el de los eternamente felices, mundos de muertos resucitados que se convierten en señores invisibles, intangibles, ubicuos y omnipotentes para el bien y el mal de los vivos, en dioses, semidioses, ángeles, demonios, penitentes y condenados en reclusión o en ambulación.

Desde luego, los hombres que siguen viviendo después de muertos siguen siendo capaces de hacer bienes y males —pues esto es la característica de la vida— y estando ya fuera del alcance de los medios defensivos y represivos, no quedaba más remedio inmediato que encerrarlos bajo la tierra, clavados por el centro del pecho con una sólida estaca o asegurados con una piedra pesada sobre la fosa, para que no pudieran salir a molestar a los vivos con sus rencores insaciados o sus venganzas pendientes, que fue el lejano origen de los mausoleos modernos, según Grant Allen, o, finalmente, enterrarlos «en sagrado» y hartarlos de responsos, misas, novenas y rosarios, para que el ánima del muerto no salga en fantasma errante a penar por este mundo, hambrienta de oraciones de sus deudos, amigos y conocidos, para conseguir indulgencias en el otro.

Pero los que no eran enterrados quedaban sueltos, y todas las precauciones posibles eran naturalmente ineficaces para sujetar a los ultrapoderosos, que resucitaban quand même, y removiendo las losas salían de su sepulcro, y subían al empíreo o descendían al infierno, desde donde llegaban a ser más poderosos aún, y más caprichosos, rencorosos y vengativos todavía. Y del temor póstumo a los fuertes, supuestos coexistiendo con los débiles en una forma o manera aún más irresistible y peligrosa para éstos, nació el culto de los dominadores muertos, y el carácter sagrado de sus descendientes directos, considerados naturalmente como intermediarios más eficaces para suplicarles auxilio y favores en los trances difíciles.

Así el primer jefe hereditario en el grupo humano primitivo es al mismo tiempo sacerdote y rey, y entra en su reinado póstumo con prestigios dobles. Desde aquí arranca el derecho divino, que queda anexo a cada una de las dos funciones, cuando más adelante se separan, por las exigencias de la división del trabajo.

Y como estos dioses rudimentarios eran temidos en la proporción en que habían sido poderosos y temibles en vida, los caudillos sobresalientes deslucían a los comunes en la imaginación de los sobrevivientes, como el Sol a las estrellas durante el día, relegándolos a subdioses, y magnificados aquéllos después por la leyenda, vinieron a ser dioses locales o tribales, dioses nacionales más tarde, con el triunfo de su tribu sobre otras tribus, dioses universales, finalmente, y por el mismo proceso de abultamiento fantástico que en la antigüedad griega levantaba la reputación de poder sobrenatural de una estatua particular de Júpiter, de Venus o de Minerva, sobre todas las restantes, y que en la actualidad católica y cismática destaca la reputación milagrosa de una entre los millares de imágenes o de estatuas de la Virgen o de los santos, sobre todas las de un país, como sucede con la de San Nicolás de Rusia, o con la de Luján entre nosotros, o sobre la de todos los países como ocurre con la de Lourdes en Francia.

Rudimentaria y confusa en los primeros engendros, esta segunda existencia del hombre se define y precisa en la imaginación, con el andar del tiempo y de la imaginación, hasta adquirir contornos completamente definidos, y, en ciertos momentos de la historia, aun más definidos y precisos que los de la vida real, aunque participando siempre de sus caracteres, pues el ideal es una destilación de la realidad en ficciones; el hombre no puede escapar de sí mismo, y cuando ha concebido a Dios con los materiales al alcance de su fantasía, resulta no haber hecho más que una transfiguración de sí mismo, una personificación de fuerza, de poder, de voluntad, de inteligencia sublimadas.

Así, poco a poco, vino organizándose la concepción de una voluntad previa, como antecedente del mundo real y un mundo imaginario para la vida imaginaria, con su correspondiente regidor y juez supremo, con su corte celestial y sus gehennas y su portero perpetuo, y, poseídos de incurable terror ante el factor universal de la vida y la muerte, de las plagas, las pestes, los terremotos y las tempestades, los hacedores de dioses no volvieron a tenerlas todas consigo, ni aun cuando discurrieron apaciguarlos con sacrificios humanos en un principio, principalmente primogénitos, niños inocentes y doncellas, y finalmente con el sacrificio parcial de la circuncisión, sustituida entre los cristianos por el bautismo; con sacrificios de animales más adelante, de preferencia corderos, palomas y toros célibes; con sacrificios de dinero y alhajas, en último resorte, como se estila ahora; ni aún sacrificándolo él mismo a él mismo —el sacrificio máximo— esto es, comiéndoselo en persona, desde luego, para tenerlo adentro en manera de específico deificante y depurante de maldades y pecados, como lo practican actualmente los ainos de la isla de Sakalín, cuyo Dios anual es un oso cazado cachorro en el bosque, criado con golosinas, mimado y venerado, y al fin muerto, descuartizado, distribuido y comido solemnemente en la gran fiesta religiosa; comiéndoselo, más tarde, en la persona de un vicario consagrado anualmente, como lo practicaban todavía los mexicanos en la época del descubrimiento de América; y, finalmente, en el canibalismo simbólico de la misa, según la forma copiada del culto de Mitra, en el pan y el vino de la eucaristía transubstanciados por ceremonias mágicas en la carne y la sangre del hijo de Dios sacrificado a Dios —última expresión del cordero pascual y del inocente chivo emisario, encargado de llevarse al desierto los pecados de los hombres y expiarlos con sus propias penurias y tribulaciones.

Dos vidas distintas, en dos mundos diferentes, con sus respectivos regidores, implicaban, naturalmente, dos despotismos sobre una sola existencia, dos gobiernos simultáneos con sus correspondientes jerarquías paralelas de funcionarios para velar por el cumplimiento de las dos clases de obligaciones del súbdito simultáneo de Dios y el Rey —el altar y el trono—. Los obispos y los curas, como delegados del reino de los cielos para dirigir las almas, atar y desatar desde aquí para allá, para absolver y condenar, exigir contribuciones y consumirlas, administrar la gracia y la ira divinas, imponiendo penitencias y excomuniones o concediendo indulgencias; el príncipe y sus lugartenientes y delegados para las mismas funciones en lo concerniente a los asuntos de la tierra.

Las pirámides de Egipto son un testimonio en piedra de la magnitud de las cargas reales que recayeron sobre las espaldas de los vivos por la invención de la vida de los muertos, en una de sus millares de formas diferentes.

Se sabe que en algunas regiones, en épocas remotas, los esclavos eran enterrados vivos con el cadáver del amo, y que hasta el siglo pasado era costumbre en la India quemar vivas a las viudas con el marido difunto, pero, generalmente, se enterraba a los muertos con provisiones en especies materiales para la vida ulterior, principalmente granos, que, brotando más lozanos en la tierra removida y abonada por los detritos del difunto, dieron origen a la agricultura, según la famosa teoría de Grant Allen, y hoy se les entierra con provisiones en especies espirituales, porque la vida eterna tenía que ser pensada, finalmente, sin las circunstancias de la existencia real, o de lo contrario no podía ser eterna. Por lo tanto, sin renovación de los materiales del organismo, sin necesidad de comer, de dormir, de beber, de vestirse, eternamente igual, sin nada en que pensar, sin nada que hacer —fuera de bostezar a pasto— sin amor, sin odio, sin hijos, sin día y sin noche, sin bien y sin mal, sin pensamiento y sin acción, vale decir, sin conducta —la más aburrida especie de vida que haya sido posible imaginar, o bien, con hambre y sed y sueño y odio y noche y calor o frío inextinguibles, que es decir, la más absurda.

Desde que la vida imaginaria es ilimitada por construcción imaginaria, la vida real, con sus dichas y desdichas transitorias, es nada más que el prólogo o la introducción a la dicha o la desdicha perpetuas, de donde resulta que «los muertos son los vivos y los vivos son los muertos», según la expresión de A. France, o más bien, es un trocatintas, pues los vivos pueden obrar en el otro mundo, sacando ánimas del purgatorio, por ejemplo, y los muertos pueden hacer todas las cosas de este mundo, hasta proporcionarles marido a «las hijas de María» que se lo piden a San Expedito, cuando están apuradas.

Pero, desde que los grandes objetivos del hombre, intoxicado de terrores y de esperanzas sobre la vida futura, vinieron a estar fuera de este mundo, este mundo quedó fuera de la atención de los hombres, y por ende, las leyes naturales, que han proporcionado los maravillosos recursos de la civilización moderna, quedaron en la edad media fuera del alcance del entendimiento humano, totalmente absorbido por la preocupación angustiosa de las entidades y de las cosas sobrenaturales, deslumbrado por el espejismo del otro mundo hasta dar la espalda a la vida real y el frente a la vida imaginaria, por entender que la más alta y noble ambición del hombre era la de «sentarse eternamente a la diestra de Dios padre», después de muerto, con lo que resultaba estúpido, degradante y vil todo anhelo de felicidad antes de morirse.

Y el mundo real, estigmatizado como uno de los cuatro enemigos del alma, quedó ignorado hasta la aurora de los tiempos modernos mientras se difundía la monomanía del más allá que hizo de la Europa medioeval una simple variante de la China contemporánea, pues si en ésta el hombre vive para los muertos, en aquélla el hombre vivía para después de muerto.

La palabra de Dios

En resumen, nuestro abolengo mental, destacándose paulatinamente de las mescolanzas de cultos, mitologías y teogonías del remoto pasado, vino a quedar del tenor siguiente:

Dios había hecho a los hombres para el cielo, pero de modo a que se perdiesen en la tierra, y el diablo, agarrando la ocasión por los cuernos, se los había ganado para el infierno. Entonces, para no quedarse solo en el cielo, Dios bajó a la tierra, eligió entre todos un pueblo para sí y le dictó sus condiciones, que fueron olvidadas, por lo cual, más tarde, le envió con un hijo ad hoc un segundo mensaje.

Los guardianes oficiales de la primera palabra de Dios desconocieron al Dios hijo, portador de la segunda, lo apresaron, lo juzgaron; lo condenaron y lo ejecutaron por contraventor a las leyes de Dios padre.

Pero otros la recogieron y edificaron sobre ella la Iglesia, la casa de Dios hijo, frente a la sinagoga, la casa de Dios padre.

Dios había hablado a Moisés entre relámpagos y truenos, cuando no se conocían aún los derechos del hombre y los deberes del padre, que tenía hijos y esposas, esclavos, asnos, bueyes y cabras para explotarlos, matarlos o venderlos; había hablado como un patriarca judío, como el rey del egoísmo, estableciendo, en primer término, la obligación de amarlo a él sobre todas las cosas del mundo, que todavía deben ser abandonadas por los que quieran servirlo en toda regla, la más gravosa de todas las cargas que han pesado sobre la conciencia del hombre, el deber humano que ha producido más palos, tormentos y matanzas, más lágrimas y sufrimientos, más miseria y más imbecilidad consuetudinaria.

Y porque Dios había cometido la indiscreción de hablar, el hombre tuvo que callarse a perpetuidad, o hablar solo para repetir, como papagayo sin plumas, la palabra divina, que vino a ser la túnica de Neso de la inteligencia humana. Y treinta y dos generaciones de hombres transcurrieron bajo la era cristiana en la miseria, la ignorancia y la barbarie crónicas, profiriendo u oyendo solamente la palabra sagrada, fulminada desde el púlpito, volcán de amenazas, en erupción perpetua de castigos en este mundo y en el otro, para los pecadores y los infieles, en fuente inagotable de terrores imaginarios para implantar en el corazón de los elegidos para el cielo el horror a la vida irrenunciable y el temor a la muerte inevitable.

Y condenado por la Iglesia con penas terribles en el otro mundo y por el poder civil con penas atroces para los deudos en éste, el suicidio, que ha sido en el lejano Japón, como lo fue en la antigua Roma, un límite al sufrimiento y por ende a la crueldad humana, desapareció de las costumbres europeas y llegando, entonces, el sufrimiento y la crueldad consecutiva al máximum de su amplitud posible, quedó centuplicado de golpe, por la sola invención complementaria de los instrumentos de tortura, el poder de los déspotas temporales y espirituales sobre el creyente puesto entre la espada y el infierno, y obligado a capitular con todas las bajezas, humillaciones y penalidades antes que afrontar la pavorosa eternidad.

Dios había pensado, y el pensamiento de Dios —non plus ultra, de suyo— paralizó de golpe a la razón y al pensamiento humano, pues, en su calidad de ser todopoderoso, Dios no estaba obligado a ser razonable, ni justo, ni bueno, ni acertado, y como quiera que fuese, los hombres estaban obligados a obedecerle ciegamente, so pena de condenación eterna, como al papa, que tampoco tiene obligación de ser el más sabio de los hombres y asimismo tiene el derecho de ser infalible.

La razón humana, así anulada para los fines de la vida humana, vino a ser en el entendimiento del creyente lo que el apéndice en el intestino del hombre civilizado: un órgano superfluo, puesto que no tenía función propia.

Y vinieron entonces para la cristiandad aquellos oscuros y miserables diez siglos de la edad media, en dieta rigurosa de pensamiento divino, en los que la inteligencia humana no dio un solo paso adelante, estancada en la parálisis mental de los musulmanes y por las mismas circunstancias: todo estaba pensado, todo estaba resuelto, todo estaba dicho, todo estaba escrito de antemano por los profetas y los apóstoles, bajo el dictado o la inspiración de Dios mismo, y sancionado con penas horrorosas.

Porque los teólogos de todas las variedades, quemaban vivos respectivamente a los que pensaban de diferente modo que ellos, y Dios era en la edad media el rey de los teólogos, esperando a las almas del otro de la muerte para juzgar sus intenciones y pensamientos, y precipitarlos en el fuego eterno, si diferían del suyo, pues aunque Jesús mismo había dicho: «haz a los otros lo que quisierais que te hicieran a ti», esto no rezaba con él ni con su padre, ni con sus teólogos por aquello de «en casa del herrero, cuchillo de palo».

El criador y sus criaturas

En todos los tiempos el servilismo de los gobernados ha sido particularmente grato a los gobernantes y recompensado especialmente por éstos, y en todos los tiempos se ha brindado a los potentados imaginarios con el manjar más apetecido por los potentados reales.

La idea de erguirse ante los poderosos y humillarse ante los humildes, que, haciendo al hombre gentil con las mujeres, blando con los niños y duro con los bellacos, viene suprimiendo el látigo en las escuelas, las cadenas en las prisiones y el garrote en los hogares, esta idea matriz de la civilización contemporánea, derivada del principio de la igualdad de todos los hombres, es un concepto nuevo de la personalidad, procedente del derecho humano, en contraposición al derecho divino y netamente expresado por Jaurés el 11 de febrero de 1895, en la cámara de diputados de Francia, en estos términos: «Si Dios apareciese delante de la multitud en forma palpable, el primer deber del hombre sería rehusarle obediencia, y considerarlo como un igual con quien las cosas han de ser discutidas, no como un amo a quien debemos someternos».

Hasta la edad moderna, los fieles penetraban compungidos y contritos en la casa de Dios para suplicarle de rodillas, confesando sus culpas, besando el suelo y golpeándose el pecho. Algunas sectas protestantes, poniendo asientos y suprimiendo genuflexiones, iniciaron la entrada de la dignidad humana en el templo, cuatro siglos antes de que fuese abandonada en España y en América la obligación tradicional y cotidiana del hijo, de pedir la bendición al padre con las manos en súplica y de rodillas en el suelo.

En algunas secciones rezagadas de esta América, todavía, cuando llevan a Dios con campanillas por las calles, para vendérselo a algún moribundo, los transeúntes y los vecinos, se prosternan de rodillas, como los súbditos de los potentados orientales al paso de su respectivo déspota.

En la época en que florecieron los primeros teólogos cristianos, el más abyecto servilismo, el servilismo oriental refinado por los sutiles griegos de la decadencia, estaba de moda en el mundo, que levantaba templos a los emperadores reinantes para rendirles culto, y para endiosar a Dios en las formas del tiempo, los cristianos llevaron el ceremonial del miedo a su señor celestial hasta los últimos límites de lo posible, hasta los últimos extremos de lo repugnante y de lo absurdo, como si Dios hubiera «hecho a los hombres a su imagen» para que fueran su antítesis; pera sacrificarlos en holocausto a sí mismo como Saturno a sus hijos; para degradarlos, levantando con su omnipotencia caprichosa más alto en la segunda vida a los que de «motu propio» hubiesen caído más bajo y más sucio en la primera; como si los hombres hubiesen recibido en la existencia la carta del negro, no para que la disfrutasen, sino para que la padecieran como una sentencia de oprobio, por «el delito de haber nacido del pecado original».

Y a fuerza de achatarse y deprimirse para agrandar a Dios, los hombres se redujeron a cero, los comunes a cero a la izquierda, los «ungidos del Señor» a cero a la derecha del todopoderoso «fuente única de todo poder y de toda autoridad en el cielo y en la tierra», solo accesibles a sus criaturas por la magia religiosa y por mediación de su Iglesia, que, trayendo así su razón de ser y de valer de la profesada omnipotencia de Dios y de la obsecuente impotencia del hombre, quedaba fatalmente necesitada de mantener esas condiciones de su existencia para subsistir: la superstición, la credulidad y la ignorancia, que son los tres componentes principales de la pobreza de espíritu, y predestinada a decaer desde el momento y en la medida en que sus pupilos encontrasen otras fuentes de poder y de valer diferentes de la suya y más eficaces que la suya, como es precisamente el caso de la ciencia y la civilización laicas, que, apenas surgidas, han levantado de improviso la capacidad natural del hombre para superar las dificultades de la vida, por medios derivados de la inteligencia humana, y reducido la fe en el poder de los muertos para ayudar a los vivos, a la mitad, la tercera o la décima parte de lo que fue.

En el apogeo de su letal influencia sobre el espíritu humano, la doctrina del achatamiento de los vivos para el engrandecimiento de los muertos, aminoró tan considerablemente la capacidad del cristiano para el pensamiento y la acción en este mundo, que los árabes y los turcos, salidos de sus estériles desiertos a impulso de un nuevo y fresco fanatismo sobre otra astilla del mismo tronco, entraron en la cristiandad como tropilla de lobos en rebaño de carneros, y la coparon desde el Asia Menor, el Egipto y el África Septentrional hasta más adentro de los Pirineos, el Austria y la Polonia, donde fueron detenidos por un resto de energía humana, salvado de la inundación de providencialismo en aquellas poblaciones del noroeste, que tenían en el culto aborigen de la virilidad individual sobre la fe en sí mismos, la levadura del espíritu práctico, del que retoñaron, más tarde, los ingredientes del self government, el self help y el self control, primeros brotes de capacidad humana para la vida humana por iniciativa humana, que hicieron pasar a la Holanda y la Inglaterra en el siglo XVII el imperio del mundo que fue en el XVI de la España, doblemente entecada por los ocho siglos de fatalismo musulmán y católico a la vez, sobre la fe en el auxilio de Jesús y de Mahoma y los cuatro subsiguientes de fatalismo católico puro, sobre la confianza en el auxilio de la virgen y de los santos tutelares.

El alfarero y los cántaros

«La teología cristiana, en sus principales caracteres, fue desenvuelta durante el período más calamitoso que haya atravesado la especie humana en los tiempos históricos, dice Cotter Morison en su magistral Service of Man. La decadencia y caída del imperio romano sigue siendo la más grande catástrofe conocida; la muerte paulatina del antiguo mundo dilatada por cinco siglos. Todo mal afligió a la humanidad en aquel terrible tiempo: poder arbitrario, el más cruel y exento de remordimientos; un fisco triturante, que al fin exterminó la riqueza; pestilencias, que llegaron a ser endémicas y despoblaron provincias enteras, y, para coronarlo todo, una serie de invasiones de hordas bárbaras que pasaron sobre los países como un fuego devorador. Fue en esta edad que los fundamentos de la teología cristiana fueron asentados —la teología de los concilios y de los padres—. La concepción de Dios, de su relación y manejos con el mundo, fue desenvuelta en una sociedad que gemía bajo una opresión, miseria y aflicciones sin ejemplo. No hay necesidad de decirlo, fue una edad de grande y casi mórbida crueldad: los juegos del circo fueron una constante disciplina de pasiones inhumanas...

»La crueldad, la injusticia y el poder arbitrario eran demasiado familiares para ser chocantes, demasiado constantes para que se les tuviera por transitorios y accidentales. El mundo que veían era tomado como un oscuro modelo y pronóstico del mundo ideal más allá de la tumba. Dios era un poderoso emperador, un trascendental Diocleciano o Constantino, haciendo su gusto con lo suyo. Sus edictos corrían al través del espacio y del tiempo, sus castigos eran eternos, y cualesquiera que fuese, su justicia no podía ser discutida. Y así estas palabras vinieron a ser escritas»: «Tuvo merced en quien quiso tenerla, y fue duro con quien no quiso ser blando. Tú me dirás ¿por qué encontró culpa? ¿Pues quién ha resistido su voluntad? Ahora, ¡oh, hombre! ¿quién eres tú para replicar contra Dios? ¿Puede la cosa formada decir al que la ha formado por qué me has hecho así? ¿No tenía el alfarero poder sobre la arcilla para hacer del mismo pedazo una vasija de honor y otra de deshonor?» lo que probablemente ha contribuido más a la miseria humana que ninguna otra expresión salida del hombre. La enseñanza de San Pablo cayó en un suelo fértil. Por cerca de 1.500 años la conciencia humana no se sintió chocada por ella. Desde el nacimiento de la teología arminiana ha habido una gradual y creciente revulsión de sentimientos, y ahora se dice llanamente que «el alfarero no tiene derecho de estar irritado contra sus cántaros. Si los quería diferentes debió hacerlos diferentes». Las pretensiones de un «omnipotente demonio deseando ser cumplimentado» como todo misericordioso, cuando está ejerciendo la más perversa crueldad, no son ya admitidas en consternado silencio. Pero si la gran dificultad del infierno y de los castigos eternos fue felizmente superada, aun quedan, en todo el plan de la redención cristiana, iniquidades morales y desvíos de que ningún hombre de bien del presente, cualesquiera que sean su religión o su teología, querría hacerse culpable. La noción de que Dios quería ser propiciado por la muerte del inocente Cristo es totalmente baja y bárbara natural en las edades rudas, cuando los sacrificios costosos eran un medio reconocido de apaciguar deidades irritadas, pero repelente ahora. Difícilmente el hombre más depravado, en su recto entendimiento, aceptaría el castigo de un inocente en lugar del que le hubiera ofendido. Un hombre de espíritu elevado casi lo sufriría todo antes que afrontar semejante enormidad.

«La idea es bárbara, bien digna de aquella concepción de la justicia de los chinos, contenta si el ejecutor consigue un sujeto para operarlo, pero indiferente respecto a que sea el culpable o no. Sin embargo, esta cruel y bárbara noción es el eje de la religión cristiana; a lo menos entiendo que aun no se ha descubierto que esté fuera de la escritura. Todavía Satán puede molestar a los teólogos sueltos en este mundo como en el otro. Cuando han esplanado su eterna función de atormentar las almas en el infierno, tienen que aclarar sus extrañas distracciones temporales en la tierra, y explicar como pueden ser permitidas por un Dios misericordioso. A un ángel caído, de extensa habilidad, sutileza y dolo, le está permitido tentar a los hombres y a las mujeres, aun a los niños, a cometer pecado, alejarlos de Cristo, poner en peligro sus esperanzas del paraíso. Y Dios, que permite esto, es supuesto de detestar el pecado. Si hubiera deseado que abundase, ¿qué más pudo haber hecho que dejar al archidemonio, ayudado por legiones de diablos menores, ir como un rugiente león buscando a quien devorar, con constante acceso a los hombres, aun hasta el interior de su mente, susurrando malos pensamientos, estimulando, y, sin embargo, a menudo alejado por santa oración, siempre renovando sus asaltos sobre las pobres almas, hasta el último instante de la mortal agonía, triunfando más a menudo que fallando en arrastrarlas a su lugar de tormento? La petición de Cristo, «no nos induzcas en tentaciones y líbranos del mal», nunca ha sido oída o nunca ha sido concebida. Siempre estamos inducidos a la tentación, nunca estamos libres del mal de este lado de las puertas de la muerte. Un ser sobrenatural que naufragó la felicidad humana en el paraíso, y llevó el pecado y la muerte al mundo, está nombrado para el oficio de tentar a los hombres, en todos los tiempos, en todos los lugares, durante la vida; capaz de entrar en la mente de sus víctimas y pervertir su alma, en sociedad y en soledad, en el sueño, aun en la plegaria, capaz de asumir todos los disfraces, aun de aparecer como un ángel de luz. El seductor humano más artificioso y vil, está limitado en cuanto al tiempo y oportunidades de corromper al inocente. Satán tiene constantes e invisibles accesos. Ahora, un padre o guardián que permitiera a los niños a su cargo asociarse con malos caracteres sería justamente condenado como falto del sentimiento, del deber y de humanidad. Pero Dios permite algo infinitamente peor, por toda la diferencia que va de un espíritu inmortal al más libertino de los tentadores terrestres. Que lo ensaye un padre humano e imaginad la angustia con que vería a su inocente, inexperta hija, del brazo de un cumplido y fascinante seductor. ¿No sería su primer paso, poner término a semejante corruptor comercio? ¿No perdonaría ampliamente la opinión pública las violencias de su parte si apareciese que los designios del villano habían sido coronados con un éxito lamentable? Sin embargo, se entiende que el padre celestial ve esto y mucho peor a cada hora y a cada minuto del día; ve al joven, al débil, al desvalido, asaltados por un tentador sobrenatural, su propia criatura, su ángel rebelde, enteramente malo y perverso; y lo ve triunfar en su empresa de arruinar a las almas. Y entonces, el traicionado, la pobre víctima humana es castigada, no el diablo».

Proscribiendo el uso de la inteligencia moderna para la vida moderna, la Iglesia se ha habilitado para continuar explicando los hechos del presente con la inteligencia del pasado, y pudiendo así acuñar verdad obligatoria para sus fieles, con errores, mentiras y absurdos, puede confeccionarles dogmas de fe sobre lo inexplicable, lo desconocido y lo incomprensible, sobre el pasado y el futuro de la existencia humana. De ahí que los teólogos se hayan distinguido siempre; como dice Buckle, por su profundo conocimiento sobre las cosas de que no se sabe nada.

De ahí también que a los dogmas del pasado para salvar el alma es el futuro haya que tragarlos enteros, como a las cápsulas de aceite de castor, pues el que los mastica, los vomita y pierde el medicamento: «La primera cosa que me haya repugnado en la religión que profesaba con la seriedad de un espíritu sólido y consecuente, es la condenación universal de los que la desconocen o la han ignorado, dice Mme. Roland, en sus memorias. Cuando, nutrida de historia, hube encarado la extensión del mundo, la sucesión de los siglos, la marcha de los imperios, las virtudes públicas, los errores de tantas naciones, me parecía mezquina, ridícula, atroz, la idea de un creador que entrega a los tormentos eternos a esos innumerables individuos, débiles obras de sus manos, arrojados sobre la tierra en medio de tantos peligros y en la noche de una ignorancia de la que tanto han sufrido ya. Estoy turbada sobre este artículo, es evidente; ¿no lo estoy también sobre algún otro? Examinemos. Desde el momento en que un católico ha hecho este razonamiento, la Iglesia puede considerarlo perdido para ella. Concibo perfectamente por qué los sacerdotes quieren una sumisión ciega y predican tan ardientemente esta fe religiosa que adopta sin examen y adora sin murmurio; ello es la base de su imperio; y éste está perdido desde que se razona».

La fe y la razón

A primera vista sorprende la supervivencia de tan grandes necedades morales e intelectuales al lado de los grandes ensanches aportados al entendimiento humano por las disciplinas positivas de la civilización moderna.

Pero es que aquellas enormidades representan el ideal de justicia de las épocas que precedieron a la civilización presente.

Y los creyentes de todos los credos, desde los últimos negros de África hasta los más encumbrados príncipes cristianos, desde los fanáticos que se hacen aplastar por las ruedas del Jagernaut hasta los bonzos, los derviches, los lamas y los frailes que se aburren, se maltratan y se envician en los conventos con sus tristezas confesionales, porque cada uno entiende que no tenerlas sería mil veces peor, puesto que sería la perdición entera; todos están aclimatados a la religión de su comunidad como al clima de su país, y aun orgullosos de su respectivo lote de mojigangas y tonterías, porque en ningún momento han estado en capacidad ni en imparcialidad para juzgarlas, porque no hay comparación posible entre lo que se siente y lo que no se siente, entre lo que se cree y lo que no se cree; porque no hay posibilidad de juicio para el entendimiento adulto entre lo que es precierto y lo que es prefalso, desde la infancia.

El caballo que ha crecido comiendo pasto duro en el campo se muere de inanición mordiendo palos o mascando tierra frente a una pila de maíz desgranado, como, en las grandes sequías, el hindú, vegetariano por precepto religioso, se muere de hambre en medio de un rebaño de vacas sagradas o profanas, y en la misma situación se encuentran los noctámbulos del oscurantismo, que, viviendo en el tenebroso ambiente de las verdades reveladas, se sienten enceguecidos por la claridad de las verdades demostradas, como los topos y los murciélagos por la luz del día.

Como los creyentes en la fatalidad de la suerte del viernes o del trece, los creyentes en las supersticiones católicas están aclimatados desde la infancia a la fe en los fetiches y a su régimen de terrores y esperanzas ilusorias, y perfectamente avenidos a las infelicidades y explotaciones conexas, por su profunda convicción de hacerse infinitamente más infelices si las dejasen; aclimatados a la perspectiva del fuego eterno, como a los fríos glaciales el groenlandés que sufre en las regiones templadas la nostalgia de sus nieves perpetuas.

Pero una religión desalentadora del esfuerzo personal para el mejoramiento de la condición personal es obstructiva o depresiva de la acción humana como un clima ingrato o enervante, y cuando concurren las dos circunstancias a la vez, su acción general es doble, como es el caso en las poblaciones musulmanas que habitan la zona tórrida en el viejo mundo, y el de las poblaciones católicas de la misma zona en el nuevo.

Por supuesto, todos tenemos creencias —la creencia es la expresión, el resultado, la forma de la razón humana en un asunto y en una época— pero unos tienen creencias voluntarias que pueden cambiar o dejar, como el traje civil del particular, y otros tienen creencias forzosas, como el uniforme del fraile o del soldado, que no pueden cambiar o abandonar sin incurrir en penalidades; unos tienen creencias antiguas y otros tienen creencias modernas, porque la razón humana tiene hijas mozas y tiene hijas viejas.

El pasado y el presente

La característica mental del hombre en la edad media fue el miedo a los muertos y el terror a la muerte. La del hombre moderno es lo inverso, cada día más pronunciadamente, y de aquí proviene el debilitamiento progresivo de los poderes de derecho divino, fundados sobre la supervivencia de los difuntos, resucitados para penarlos, si fueren malos, y para petardearlos, si fueren buenos, y que al fin empiezan a descansar en paz, reintegrados a la tranquilidad definitiva por la razón humana, para libertar a la vida humana de las peores formas de la imbecilidad humana.

La decadencia de los poderes espirituales que gobiernan a los vivos por delegación de los muertos es un hecho paralelo y concomitante con el relevamiento de la inteligencia humana por la civilización moderna. La que fue más grande y más fúnebre en su ya lejana época de esplendor, la que ha perseguido, torturado y destruido a mayor número de vivos en desagravio de los muertos, la que en mayor medida sigue achatando a los vivientes en homenaje a los fallecidos, es ya un poder en decadencia manifiesta, un gigante en el ocaso de su existencia; un poder social que gravita en favor de las hijas fósiles de la inteligencia humana y en contra de su nueva y robusta prole; un poder que fue absolutamente incontrastable hasta el siglo XV; un poder que fue aun irresistible para el común de los hombres, pero ya afrontable por los príncipes y los reyes hasta el siglo XVII; un poder que después de haber hecho temblar a los emperadores puede ser despreciado por los niños.

Su función consiste siempre en alarmar las conciencias con terrores imaginarios para venderles a precio de oro y de salud, la tranquilidad que el racionalismo da gratis y completa, sobre un campo de acción que para éste se ensancha y para aquélla se restringe, día por día, en cantidad y en calidad, pues con el procedimiento de los teólogos cristianos para la curación de la perversidad en los hombres por el terror del infierno viene sucediendo lo que aconteció con la curación de los heridos en las batallas por el aceite hirviendo: que la primera vez que faltó medicamento para la mitad de los enfermos, los cirujanos pudieron constatar, perplejos, que los no curados sanaron más pronto. Apenas disminuido el miedo a los males del mañana, aumentó el valor para afrontar los males del presente, y la barbarie, la esclavitud, la servidumbre, el despotismo, la rapiña, las pestes, la guerra, la imbecilidad, la ignorancia y la miseria, que por 18 siglos habían coexistido con el pensamiento antiguo no pudieron coexistir con el pensamiento moderno —y vienen desapareciendo rápidamente con el crecimiento de éste por la educación liberal.

Y las concepciones cristianas que sustituyeron a las del paganismo, se encuentran hoy en la misma situación en que se encontraron éstas en los tiempos de Séneca, que la describió así: «La religión es considerada por el pueblo como verdadera, por los filósofos como falsa y por los gobernantes como útil». De ella había dicho ya Polibio: «Si fuera posible que un Estado solo se compusiera de sabios, semejante institución sería inútil; pero como la multitud es naturalmente inconstante, llena de arranques desenfrenados y de cóleras locas, ha sido necesario apelar a esos terrores de lo desconocido y a todo ese aparato de ficciones aterradoras para dominarla».

Es, exactamente, a 2.200 años de distancia, el mismo razonamiento en virtud del cual los gobernantes modernos subvencionan al cura para que asuste al pueblo con patrañas y no van a misa porque entienden que ese insano régimen del miedo crónico por peligros imaginarios, que no es bueno para las personas ilustradas, es bueno para los ignorantes.

Felizmente, la reciente guerra ruso-japonesa, poniendo al descubierto el enorme flaco de esta elaboración de la docilidad humana por el aceite hirviendo del infierno, por los terrores del más allá y no por la educación de las multitudes para la justicia, la rectitud, la benevolencia y la cordura, les hará ver por egoísmo lo que no han querido ver por generosidad de alma: que las sociedades organizadas sobre el miedo al castigo, serán siempre inferiores en poder moral a las sociedades organizadas sobre el sentimiento de la dignidad humana.

De todos modos, la terapéutica del pasado para la salud del alma y del cuerpo mediante la magia religiosa está herida de muerte por la ciencia positiva, aunque no esté muerta aun. Por lo pronto, este siglo XX empieza para los factores de milagros por fuerzas sobrenaturales con una disminución de sesenta millones de francos en la sola Francia, que fue siempre el granero principal del vicario de Dios en la tierra, y que hoy, solo con cerrarle la bolsa del Estado, ha puesto a los cardenales a medio sueldo en Roma.

Los grandes criminales contra la religión, que la Iglesia condenó y quemó vivos, empiezan a tener estatuas; y mientras la literatura del infierno está en bancarrota definitiva, las ciencias sociales, que aun no han concluido de nacer, son ya dueñas del mercado.

El espíritu de investigación que está revisando, reformando, rehaciendo y renovando todas las ideas de los hombres sobre el universo y la vida, que nada ni nadie ha podido detener antes, que cada día es más vigoroso, más amplio y más decidido, y que está paseando la antorcha de la Ciencia hasta por los terrenos vedados a la razón humana por la palabra divina, viene también, detrás de los fugitivos de

Francia y de Filipinas, a rescatar para la moral del amor y de la simpatía, del pensamiento y la acción, esta América del Sur, que fue consagrada a la moral del infierno y al servilismo espiritual por sus primeros colonizadores, y que ha sido desde entonces un infierno de odios y rencores, de esterilidad mental y de persecuciones y atrocidades sin cuento, simplemente porque los caudillos políticos acudieron a los mismos resortes de gobierno que la religión había implantado en el alma de los sudamericanos; el miedo al mal y la resignación para aguantarlo pasivamente.

Hace apenas un siglo que empezó a desviarse hacia los sanatorios y las clínicas, la corriente de enfermos y lisiados que antes inundaban los santuarios de las diferentes Mecas cristianas en busca de la salud por el milagro, y hoy ya es río lo que hace cincuenta años era arroyo y viceversa. Y los mismos sacerdotes de Lourdes y de Luján, testigos fehacientes de tantas y tan variadas curas maravillosas, cuando se enferman, llaman al médico, su viejo rival antes proscrito y quemado vivo, y hoy triunfante en toda la línea.

Todo viene por su orden. Ahora empieza a haber quienes piensen en la emancipación moral del pueblo; mañana habrá quienes la realicen. «Si se nos preguntase cuál es la fe que anima actualmente no solo al liberalismo político en todo el mundo civilizado, sino también a las masas de hombres y mujeres que no pueden decir a qué escuela pertenecen, la respuesta sería que lo que guía, inspira y sostiene a la democracia moderna, es la convicción del progreso ascendente en los destinos de la humanidad, dice John Morley. Y es emocionante pensar cuán nueva es esta convicción; a cuántas mentes privilegiadas fue desconocido éste que es el más fortificante de todos los lugares comunes... La moderna creencia en el progreso no figuró entre los ideales del siglo XVIII, aun tomando por sus exponentes a Voltaire, Montesquieu y

Diderot, y Rousseau concebía la historia de la civilización como la de la caída del hombre.»

Y lo que la ciencia divina no ha podido realizar en dieciocho siglos de ayunos, penitencias, excomuniones, autos de fe, procesiones, rogativas, peregrinaciones, exorcismos, misas y novenas: la disminución de la perversidad humana, que era su principal objetivo, la ciencia humana lo ha realizado en uno solo, haciendo adelantar más a la humanidad en los últimos cien años que en los cien mil años anteriores.

Para adecentar la vida pública y la moral privada, v. gr., la sola libertad de la prensa ha resultado más eficaz que las legiones de censores, confesores, inquisidores y predicadores, que torturaban disidentes y liberales mientras el papa Alejandro VI, su hijo el cardenal César Borgia y su hija Lucrecia, daban a la Europa cristiana el modelo de una perversidad y depravación que no han sido superadas.

Por lo menos quince siglos fueron consagrados íntegramente al estudio de las cosas que solo existían en la imaginación de los visionarios de primera agua o de contagio, y desde el doctor en teología hasta el labriego, nuestros antepasados, ignorando casi todas las cosas necesarias a la salud en este mundo, o sabiéndolas al revés, tenían conocimientos seguros, precisos y detallados sobre todas las cosas necesarias a la salud en el otro mundo. Nada sabían de las ciencias y las artes de la salud y la riqueza en la tierra, teniendo apenas conocimientos rudimentarios de agricultura, pero eran eruditos en milagros y reliquias, y profundamente versados en historias de santos, de brujas, diablos, duendes, fantasmas y sucedidos maravillosos; ignoraban casi toda la historia y la geografía de este mundo, pero sabían perfectamente la historia y la geografía del otro, habiendo llegado hasta determinar la ubicación, la capacidad, la extensión y la población del cielo, el purgatorio y el infierno, y el nombre de los ángeles, que lo tienen, dice Hubbard, «para que la lavandera no les confunda la ropa».

La educación de los niños sin el castigo y la emulación, por la bondad y la simpatía como medio de apartar a los hombres del mal por la provisión de aptitudes para el bien, de decencia y aseo, de iniciativa, dignidad, autocontrol y valor para el trabajo, el más importante de los descubrimientos modernos, no fue ni siquiera sospechado, y solo pudo pensarse en el látigo y el azúcar con que se amansa a las bestias, para amansar a los hombres; en la recompensa y el castigo, como únicos medios posibles, aunque ineficaces para inducirlos al bien y alejarlos del mal, en este mundo y en el otro. «La prisión, la tortura y la muerte constituían una trinidad bajo cuya protección la sociedad podía sentirse segura, dice el coronel Ingersoll... Hace algunos años solamente, que más de 200 ofensas eran penables con la muerte, en la Gran Bretaña. La horca fructificaba todo el año y el verdugo era el hombre más ocupado del reino —pero los criminales aumentaban... porque no hay reforma en la degradación: todo degradado por la sociedad se convierte en su enemigo implacable.»

Desde que los hombres creyeron en el cielo y el infierno, escapar al infierno y ganar el cielo era la gran cuestión, y la infelicidad era el medio porque estaba dicho que los últimos serían los primeros y los primeros serían los últimos en el reino del Señor.

En la plena seguridad de ser, en definitiva, archipagados en dicha futura de todas sus desdichas presentes, los creyentes sinceros no se preocuparon de evitarlas sino de padecerlas adrede, como los pordioseros que avivan constantemente sus lacras profesionales para sacar más dinero a los transeúntes compasivos, y como el perro de la fábula, que cruzando el río, vio reflejado en el agua y agrandado por la refracción el trozo de carne que llevaba en el hocico, y, creyendo que eran dos, lo soltó para agarrar el más grande; así el bienestar presente fue abandonado para alcanzar la dicha eterna. Y la libertad, la justicia, el progreso, el bienestar, las ciencias y las artes, todo lo que realmente vale, no importó ya un bledo a la conciencia humana.

Y solo después de 1.600 años consagrados a producir los héroes de la otra vida, y los sabios del otro mundo, cuyas imágenes pueblan los nichos de las iglesias, pudieron las naciones cristianas empezar a producir, al fin, los sabios de este mundo y los héroes de esta vida, cuyas estatuas se levantan en las plazas públicas para ofrecer nuevos modelos de conducta a las nuevas generaciones.

Y del deseo y la esperanza del bien en este mundo surgió el instrumento del bien en este mundo; el espíritu de progreso que viene embelleciendo y alargando la existencia, sin despojarla de esa emancipación suprema que es la muerte, y sin descorrer la cortina que oculta el más allá en el insondable enigma que hace el encanto de la vida, según la expresión de Holyoake, y que desaparecería desde el momento en que la jugásemos a cartas vistas, como en efecto desaparece por completo para los completamente convencidos de la existencia real de la dicha y la desdicha eternas, que vegetan en la ermita o en el claustro esa infecunda y monótona vida de atesoradores de dicha póstuma por abstinencia de dichas presentes, sin hogar, sin familia, sin amor, sin afecciones, y a medias para los convencidos a medias, que en la sociedad viven un poco para este mundo y el resto para el otro.

«Usted me pregunta ¿cómo puedo ser feliz sin la esperanza de una vida futura? El niño que no piensa nunca en una vida futura encuentra, no obstante, los medios de ser feliz», dice Elisa Movory Bliven. Y los desgraciados niños a quienes se obliga a pensar en el diablo, el purgatorio y el infierno, tienen desde entonces y según la dosis del veneno, más o menos malogradas sus alegrías del presente por sus aprensiones y sus temores del más allá. «El peso de la muerte se alivia a cada generación, a medida que sus formas violentas, y sus terrores póstumos se atenúan, dice Maeterlinck. Lo que más tememos en ella es el dolor que la acompaña o la enfermedad que la precede. Pero ya no es la hora del juez irritado e incognoscible el objeto único y espantoso, el abismo de tinieblas y de castigos eternos. Nuestra moral ¿es menos alta y menos pura desde que es más desinteresada? ¿La humanidad ha perdido un sentimiento indispensable o precioso perdiendo un temor?»

La escuela religiosa

Por el contrario, la humanidad ha ganado inmensamente desde que empezó a convalecer del miedo al infierno que la hizo tan miserable, tan cruel, tan dura y tan implacable en el pasado.

La proporcionalidad del castigo con la falta, por ejemplo, ha empezado a ser desde el siglo último la regla en las leyes de la tierra, gracias al abogado Beccaria, y en la actualidad las personas de sentimientos morales refinados son ya capaces de comprender la monstruosa iniquidad de los tormentos eternos que sancionaron los iluminados por el Espíritu Santo para castigar en el otro mundo los errores de los hombres en éste.

El presidio perpetuo con tormentos vitalicios, que fue la pena común, hasta para muchas acciones que hoy consideramos como derecho corriente y perfecto del ciudadano, la ergástula está desapareciendo de la legislación de las naciones civilizadas, aun para los delitos monstruosos y la ergástula a perpetuidad para la segunda vida subsiste todavía en el código moral de la Iglesia medioeval, hasta para el mero cumplimiento de los deberes naturales, que ella considera crímenes si son realizados sin su licencia y sacramento cuando se practican con su intervención.

Es que la moral milenaria, la moral revelada a los hombres de una vez para siempre en la infancia de la civilización, no puede cambiar sin una nueva revelación que anularía a las precedentes, quitando a la Iglesia su única base posible: el origen divino y la infalibilidad, que es su corolario, y en cambio, puede ser inoculada al hombre moderno en la infancia del entendimiento que corresponde a la infancia de la especie.

En ese momento crítico de la vida en que la curiosidad ingenua, sedienta e indiscriminativa, hace su primera provisión de explicaciones sobre los hechos y las cosas del mundo, y en que toda clase de supersticiones puede penetrar en la mente y arraigar, el hogar, el ambiente y la escuela tienen un rol de primera clase.

Y en esas circunstancias, el plan de la escuela religiosa es satisfacer la curiosidad natural del niño sobre los hechos y las cosas del universo que le rodea, con las explicaciones que los sabios antiguos, graduados en dilatados cursos de ayuno y meditación solitaria en los desiertos, en las cuevas, en las ruinas o en los claustros, pusieron en boca de los dioses de entonces, para darles una autoridad que ellos no tenían, a fin de exigir una aquiescencia absoluta, única manera posible de hacerlas eficaces en su tiempo, y el objeto de la escuela positiva es satisfacer esa misma curiosidad con los conocimientos positivos adquiridos por los sabios modernos en la investigación de la naturaleza con los métodos modernos, y sin exigir para ellos obediencia ni aquiescencia de ninguna clase, que el progreso de la inteligencia humana ha hecho innecesarias, desde que la verdad no trae ya de un supuesto mandato de los muertos, sino de su concordancia con la realidad, su fuerza de convicción sobre el entendimiento.

La revelación y la evolución

La concepción judía que informa los dos testamentos, y según la cual la marcha de la humanidad es un proceso de decadencia apenas contenido, porque el hombre salió perfecto de las manos del creador y se deterioró a perpetuidad por el pecado original, la más diametralmente opuesta al concepto moderno de la evolución ascendente de la especie humana, fue un concepto común a todos los pueblos antiguos, el fruto natural del pesimismo resultante de la impotencia del hombre ante los males de la tierra y la omnipotencia de las leyes naturales, inconquistadas por la inteligencia humana.

Y en todas, el ideal consciente o subconsciente fue la permanencia o el acercamiento al estado o condición en que el hombre estuvo en contacto con la sabiduría máxima de su respectivo Confucio o Salomón, o en comunicación con la divinidad misma por los respectivos profetas o apóstoles; todos vivían con el pensamiento en el pasado y confiando en el auxilio póstumo de los antepasados; todos entendían que los tiempos felices, los tiempos heroicos, los tiempos santos estaban detrás y no delante de la humanidad presente. Los estudios de los filósofos y de los teólogos —utopistas retrospectivos— la enseñanza en las escuelas, la predicación en los púlpitos, todo estaba orientado sobre la ansiada vuelta al pasado glorioso, o santo, o dichoso. La sabiduría era una fórmula verbal salida del pasado y del misterio.

Y así, el don capital de la especie humana: la posibilidad de mejorarse indefinidamente, quedaba siempre más o menos anulado por todas las doctrinas religiosas o filosóficas que entendían darle nueva vida, porque «toda teoría es gris, y el árbol de la vida es siempre verde», como dijo Goethe, porque el pensamiento humano es como el agua, que estancada se corrompe y en movimiento se purifica. Aunque haya caído del cielo en gotas cristalinas y oxigenadas, de la inmovilidad del charco o del pantano se enturbia, poblándose de inquilinos dañosos, de microbios, infusorios, larvas y gusarapos. Así las miríadas de mojigatos, sacristanes, legos, frailes, monjas, ermitaños, abates, canónigos, curas y obispos, sobrevenidos por generación espontánea de alimañas en el pensamiento cristiano, estancado desde el siglo III y corrompido en consecuencia inevitable, por los credos, los dogmas, las bulas, los breves y los cánones.

Es que el mal de todas las religiones está en su esencia misma, en que no pueden reverdecer constantemente como el árbol de la vida, reponiendo con hojas verdes las hojas secas y con nuevos retoños los troncos viejos; en que no puedan cambiar y caminar con el progreso del espíritu humano. Son un soplo de vida y acción, una llamarada de infinito que alumbra y deslumbra un momento, como lo hizo el mahometismo en los tiempos históricos, para caer después en un nuevo plan de oscuridad mental, de esterilidad espiritual y moral. La filosofía, la literatura y el arte griego viven aun, reincorporados a nuestro caudal intelectual. De las religiones egipcia, griega y romana que imperaron por tantos siglos, no queda nada, nada, si no es el lamentable fetichismo incorporado a las iglesias griega y latina, de las que tampoco quedará nada.

En la Europa y la América cristiana, como en la China, como en el África musulmana, el pasado espiritual primaba en absoluto sobre el presente; la palabra del «maestro», de los profetas y de los apóstoles era la última ratio del espíritu humano. Como el Cid, que ganó batallas después de muerto, San Juan Crisóstomo, San Agustín y Santo Tomás, han triunfado por muchos siglos en todas las controversias. En derecho, en medicina, en ciencias naturales, «lo que pensaron los sabios antiguos» hacía ley para los sabios modernos. Los más atrasados, vale decir, los más versados en el saber antiguo, eran los más calificados para enseñar el pasado al presente, y a ese título la Iglesia fue la institutriz universal.

Recién cuando en el siglo XIX la paleontología, la filología, la arqueología, etc., etc., pusieron en descubierto el enorme error de aquellas concepciones, demostrando que el hombre cuanto más antiguo había sido menos fuerte y menos sano, menos sabio y más bárbaro, surgió la teoría de la evolución ascendente y se empezó a concebir la perfección del hombre como un hecho del presente y del futuro, y el espíritu humano pudo transferir su orientación y sus objetivos del servicio de los muertos al servicio de los vivos, de los males que fueron a los males que son, del mundo de la nada al mundo de la vida, del estancamiento al progreso, del quietismo a la acción, del absolutismo a la libertad, de la tradición a la evolución, «trasladando el centro de gravedad intelectual y emocional de Dios a la humanidad», el inmenso acontecimiento que se está realizando en nuestros días, y que será el principio de una transformación universal más grande y más feliz que todas las que la han precedido en el curso del tiempo.

Por el momento estamos en el período de transición, con la escuela religiosa que, ayudada por la inercia intelectual que comportan 18 siglos de oscurantismo, en credulidad e ignorancia crónicas, educa a los niños para las verdades y las virtudes del pasado, y la escuela liberal que los educa para las posibilidades del presente en rumbo al porvenir; con escuela sectaria que cierra y la escuela positiva que reabre la curiosidad humana, esa benéfica hambre de saber y de inventar que nos da, en término medio, una maravilla por semana.

Entre nosotros, el progreso del liberalismo es bastante satisfactorio, si se considera que surgimos a la refulgente libertad moderna desde la miserable intelectualidad medioeval, tan celosamente preservada por los frailes en la España y en sus colonias; que aun no llevamos un siglo de vida independiente y que su primera mitad fue, fatalmente, la prolongación del terrorismo y del oscurantismo coloniales, que hicieron fracasar la temprana iniciativa liberal de Rivadavia, y proscribieron la ilustración clausurando las escuelas en la época de Rosas, después de la cual fueron reabiertas bajo la férula de los sacerdotes —beneficiarios en todas las épocas de salvajismo; que nuestra instrucción pública solo es aproximadamente laica desde 1884; que hasta el setenta y tantos los internos de los recientes colegios nacionales solíamos tener que fugar, todavía, saltando las paredes del fondo para escapar a la confesión obligatoria en semana santa; que la humanidad no produce sino un educador en cada siglo, como dijo Emerson, y que recién empezamos a no echar de menos a Sarmiento en la dirección superior de la instrucción pública; que nuestra ley de matrimonio civil es de ayer y la estadística arroja, ya en nuestra gran capital dos tercios de matrimonios sin intervención del cura; que la casi totalidad de nuestros hombres maduros tuvieron fresco el entendimiento cuando estaban verdes y no se habían difundido aún, con los ferrocarriles y la prensa, las ideas y los sentimientos modernos, cada día más amplios en el amor a la verdad y a la humanidad, que inducen a las almas bien templadas a trabajar en este mundo de los vivientes para dejarlo a su partida mejor que lo encontraron a su llegada, a la inversa de ese mezquino sentimiento de los creyentes en la magia religiosa que los induce a dar y legar a las iglesias para el bien de su alma exclusivamente.

Las últimas auroras

El siglo XIX es el punto de partida de una nueva era más preñada de beneficios para los hombres que la que se abrió con el sermón de la montaña; es el momento del tiempo en que los hombres más altamente civilizados empiezan a dejar de pedirle a Dios que los haga buenos y sabios y fuertes, para esforzarse en serlo por sí mismos; a desentenderse de los mundos imaginarios para sacar partido del mundo real, saliendo del redil de la revelación para conquistar la naturaleza, cambiando su punto de mira del pasado al porvenir, del fatalismo al determinismo, de la oración a la acción, del desalentado pesimismo al animoso optimismo, sueltas las alas del espíritu para explorar todos los horizontes sin pasaporte de la autoridad eclesiástica; emancipados de esa tonta piedad por los muertos que mantiene a los creyentes llorando estúpidamente sobre las miserias remediables del presente por las desgracias irremediables del remoto pasado, afligidos por los sufrimientos de Jesús, de los mártires y de todos los difuntos y perfectamente insensibles a los sufrimientos de los vivientes; esclavizando al prójimo para explotarlo en vez de apropiarse las fuerzas de la naturaleza para libertar los brazos del hombre, horadar las montañas, surcar los mares, canalizar los ríos, acortar las distancias y penetrar en las entrañas de las cosas para descubrir sus leyes, aislar los microbios, inventar los sueros y los anestésicos y descubrir la pedagogía y la psicología, la asepsia y la antisepsia, que les permitieran llegar a sus propias entrañas físicas y mentales, para extirparse las infecciones, los tumores, los cálculos y los quistes, los malos humores y las malas pasiones, en la plena seguridad de que haya o no haya Dios, el que haya hecho más bienes y menos males, el que haya sido más útil a los suyos y a los extraños, el que menos haya padecido de la ira del odio y más haya disfrutado del amor y la amistad, en una palabra, el que «haya sido una grande alma en este mundo, tendrá más probabilidades de ser una grande alma en cualquier otro mundo».

En el siglo XIX, en efecto, se ha librado la batalla decisiva entre los nuevos y los viejos ideales, que se baten ya en retirada. Los derechos del hombre están desalojando a los del sacerdote y del rey, la nobleza y el clero han perdido sus privilegios seculares, la dignificante solidaridad está sustituyéndose a la humillante caridad, ha tenido lugar la emancipación de los siervos y la liberación de los esclavos, y detrás de ellos el obrero socialista, no el obrero católico que se empeña en seguir siendo del cura, el obrero ha entrado a ser persona, con derecho de vivir, de pensar y de luchar por la emancipación económica, para el mejoramiento de su condición social por una más justa participación en los frutos de su trabajo. Y finalmente, la mujer, la hija y esclava espiritual del confesor —el secular intruso en el hogar católico— suegro suplementario en el matrimonio religioso, recuperando su personalidad, se incorpora, ella también, al movimiento emancipador de la raza humana subyugada por la Iglesia divina.

Entretanto, felices nosotros que podemos presenciar en estos momentos el crepúsculo de lo que fue y la aurora de lo que será. Dichosos nosotros que podemos pensar y decir sobre el futuro y el pasado lo que se nos venga a la mente, sin temor de que nos atormenten, nos quemen o nos destierren los ministros de Dios ofendido y enojado por ello, como lo hacían con nuestros abuelos, casi sin temor de que nos injurien, nos calumnien y nos persigan, como lo hacían con nuestros padres, los representantes oficiales del Dios de bondad.

Los que tienen motivos sobrados para estar quejosos, apenados y tristes no somos, ciertamente, los que tenemos la conciencia libre de terrores fantásticos y a nuestro alcance la ciencia, que es el poder de hacer milagros efectivos, sistema Edison, Röntgen, Marconi, etc., etc., sino los fabricantes de terrores y milagros imaginarios, los sacrificadores de la verdad humana a la verdad divina, los ayer omnipotentes fulminadores de las iras y de las venganzas del Todopoderoso, hoy expulsados como leprosos mentales de la nación más adelantada de la Europa, y sin poder defenderse, porque aquella arma formidable con que gobernaron al mundo hasta el siglo XVIII —la excomunión— está reducida por el progreso de la razón humana al modesto rol de carabina de Ambrosio.

El pasado y el futuro

Si un loco antihumanitario se echara hoy a buscar un medio de gravar a los hombres con el máximum de incapacidades, gastos, trabajos y penalidades, para el más inútil de los objetivos imaginables, seguramente no podría encontrar nada tan eficaz como las religiones reveladas «antes de la ciencia y la civilización», como dice A. France.

Por ese doble juego de gobiernos simultáneos, mancomunados y superpuestos sobre el pueblo, el temporal para las necesidades de este mundo, el espiritual para las necesidades del otro, nuestros antepasados treparon la cuesta de la vida con dos enormes pulpos sobre las espaldas, que les impedían desarrollarse y crecer, arrebatándoles todavía la mayor parte del mezquino fruto de sus amenguadas energías, en compensación del trabajo que se tomaban para coartarles el pensamiento —que es una forma del movimiento, como la electricidad, el magnetismo o la luz—, matarles el espíritu de iniciativa y tutearlos después que les habían tullido la capacidad de obrar y de conducirse solos.

Aprender de memoria el ininteligible catecismo —el librejo más lleno de absurdos y patrañas después del Corán— asistir obligatoriamente a todos los actos y ceremonias religiosas, diurnas y nocturnas, no pensar sin permiso del cura, ayunar, confesarse, comulgar, hacer penitencias, afligirse y llorar en los días y horas prefijados, obedecer a la campaña de la iglesia como las mulas al cencerro de la madrina, pagar a los sacerdotes los diezmos y primicias, fuera de los impuestos extraordinarios por milagros accidentales y por cada uno de los acontecimientos de la vida, desde el nacimiento hasta después de la muerte, en los funerales y los «cabos de años», todo bajo pena de excomunión, persecución, confiscación de bienes, y destierro o muerte. Comprar al príncipe el derecho de vivir sometido a todos sus caprichos y brutalidades, y el de trabajar bajo los reglamentos más estúpidamente antieconómicos, en el mejor de los casos —en el del hombre libre— eran ciertamente condiciones sociales, económicas y morales que hacían imposible la prosperidad del habitante y el progreso de la nación.

Solo por la disminución del gobierno espiritual de la Iglesia y del gobierno temporal de los príncipes, y en la medida en que se lograban al influjo de la filosofía y de las ciencias renacientes, por explosiones sucesivas de los doblemente oprimidos y explotados, ha venido acrecentándose la capacidad humana por la vida humana.

Y como en los países protestantes disminuyó primero el gobierno eclesiástico por la secesión con el papado y la supresión de los milagros, la confesión, la comunión, las indulgencias y el óbolo de San Pedro, fue en ellos donde primero se acrecentó por la fe en la ayuda propia que sustituyó a la fe en el auxilio milagroso de los santos, la capacidad del individuo y la correlativa prosperidad de las naciones. Y como en España y en Italia fue más cargosa la tiranía eclesiástica, fueron también en ellas más agobiado el individuo y más empobrecida la comunidad por la Iglesia que había hecho de las sagradas escrituras no un faro sino un presidio de la inteligencia humana, un presidio sin aire y sin luz, al que los protestantes le pusieron con el libre examen, puertas y ventanas.

Cuando los romanos llegaron al Egipto, no pudo resistirles, porque los sacerdotes absorbían en este país la tercera parte de la riqueza nacional, para sus inútiles mojigangas. A su vez las exacciones del fisco romano, centuplicadas por la avaricia insaciable de los publicanos, habían destruido in situ la fuerza del imperio, desde mucho antes de las invasiones de los bárbaros, y las explotaciones de la avaricia sacer-dotal, reforzada por el Santo Oficio y los jesuitas, y admi-rablemente secundada por la imbecilidad de los reyes y de los ministros fanáticos, que expulsaron a los judíos y a los moros para hacer la unanimidad católica, convirtiendo al habitante en siervo de la Iglesia y a los 3|5 del territorio fértil en bienes de mano muerta, aniquilaron tan radicalmente la energía humana del imperio en que no se ponía el Sol, que, sin empujones de afuera, se cayó de decadencia espontánea por debilidad intrínseca, como se están cayendo los pueblos musulmanes del presente.

Y como es natural que el remedio sea más grande donde es más grande el mal, según ocurrió en la revolución fran-cesa, si los países latinos aventajaran a los anglosajones en desprenderse completamente de ese enervante y costoso gobierno de las conciencias por el Vaticano, como lo ha ini-ciado la Francia, recobrarían, en el futuro, el terreno per-dido en el pasado.

Porque se puede prever, desde ahora, la universal super-abundancia de capacidad humana para los problemas de la vida humana, que sobrevendrá cuando hayan desaparecido del todo, con la clase sacerdotal que los explota, los proble-mas de la vida futura, que hoy consumen todavía parte tan considerable de la energía humana en costosas ceremonias absolutamente inútiles y en afanes sobre el vacío para hallar las más diversas y disparatadas soluciones ilusorias de lo insoluble.

Dios medioeval y Dios moderno

El concepto de la glorificación de Dios por la anulación voluntaria del hombre, arrodillado ante su creador, de miedo a su creador, que es la idea madre subyacente en la ordenación católica del pensamiento humano, la que engendró el oscurantismo, el misticismo y el monasticismo sobre la abdicación de la razón, de la virilidad, de la voluntad y de la dignidad humanas, la que informa toda la conducta de la Iglesia en su guerra sin cuartel contra todos los progresos de la humanidad por iniciativa del hombre, ese principio fue el alma de las sociedades cristianas del pasado, fundadas sobre el derecho divino, fatalmente sectario, autoritario y absolutista.

El concepto de la glorificación del Creador por el engrandecimiento intelectual, moral y material de sus criaturas, fruto superior de la razón moderna, formada lenta y subrepticiamente por la filosofía moderna, sobre los restos del pensamiento griego salvado por los árabes del vandalismo cristiano de los primeros siglos de fe, este principio esencialmente afirmativo y constructivo, concorde con la ley de evolución, por el que el hombre marcha paralelo con las fuerzas de la naturaleza y fortalecido por ellas, como diría Emerson, tan diametralmente opuesto al principio esencialmente negativo e inactivo de la teología cristiana que se propone, como el paganismo, contrarrestar las energías de la naturaleza con la magia religiosa, esta dignificante y operante concepción de la vida, levadura del liberalismo y alma de la civilización moderna, fue adoptada y apadrinada desde su nacimiento por la francmasonería, que se reconstituyó para propender al desenvolvimiento de la verdad, la justicia y la fraternidad, sobre los Derechos del Hombre, al fin proclamados netamente en la declaración de la independencia americana, y sobre las ruinas de la Bastilla, en el último tercio del siglo XVIII.

Hay, pues, una oposición fundamental, perfectamente caracterizada desde 1864 por el Syllabus de Pío IX, entre la manera cómo entienden concurrir al progreso los albañiles del templo de la justicia, que, prescindiendo de las diferencias de raza, nacionalidad, color, condición social y opinión política o religiosa, trabajan para ensanchar la libertad, la igualdad y la fraternidad humanas, y la manera cómo entienden servir a Dios los hombres y las mujeres que renuncian al esfuerzo, al pensamiento y la acción, y se confinan en la pasividad y la esterilidad voluntarias de la oración, la penitencia y la humillación, en este mundo de los vivos, para ser recompensados en el de los muertos.

La sociedad presente y la futura

En estas sociedades que descansan, todavía, sobre el lujo y la miseria, sobre la ociosidad de los unos y el trabajo de los otros, lo que los padres quieren procurar a sus hijos no es la capacidad para producir, sino la capacidad para disipar, la posibilidad de disfrutar sin producir, en una palabra: la riqueza. Y lo que hombres y mujeres buscan principal o secundariamente en el matrimonio, es la dote inmediata o la herencia en perspectiva.

Y desde que la riqueza confiere la posibilidad de alcanzar los honores y los privilegios, y la satisfacción de todos los gustos, los apetitos y las vanidades en boga, y aun la de comprar a la Iglesia la salvación eterna, y que ella pueda ser adquirida por medios ilícitos o perversos, con más o menos riesgos, hay un premio eventual para la depravación moral, una seducción permanente —que en muchos países y en ciertas ocasiones suele hacerse irresistible— para la mentira, el robo, el peculado, el fraude, el asesinato y la guerra.

Sin duda la profesión de bellaco, que es entre los musulmanes y que por tantos siglos ha sido en la cristiandad el medio más rápido y eficaz de conquistar honores y privilegios y de alcanzar títulos de nobleza, en el achatamiento universal de los pobres de espíritu que elaboraba la Iglesia, se viene haciendo cada vez más peligrosa y menos lucrativa y honorífica, con el reverdecimiento de la energía al influjo de los ideales modernos, pero, todavía, y particularmente en los países católicos y ortodoxos, el inquilino de la sociedad contemporánea está instalado en un plano fuertemente inclinado hacia la perversidad humana, resultando siempre más o menos ineficaces para contenerlo arriba todos los terrores en uso, civiles o religiosos, y todos los surtidores permanentes o occidentales de energía moral.

Pero, según el rumbo que llevan las ideas avanzadas del presente, en la sociedad del porvenir, lo que los padres querrán dejar a sus hijos, lo que buscarán en el matrimonio los hombres y las mujeres, será «la salud o la plenitud que responden a sus propios fines y tienen para ahorrar, correr e inundar los alrededores y crujir por las necesidades de los otros hombres», como dice Emerson; será la aptitud para conducirse y prosperar por sí mismo, la capacidad intelectual, moral y física para la felicidad humana por la fraternidad humana, la sensatez, la dulzura, la belleza de alma; por el trabajo, el amor y la amistad, según aquella exacta definición de la dicha, que la hace consistir en «tener siempre algo que hacer, alguien a quien amar, alguna cosa que esperar».

Transformados así los ideales directrices de la conducta individual, esclarecida y reafirmada esa tendencia natural primaria del espíritu a estimar a los individuos según el bien que produzcan para los demás hombres, que no ha suscitado los tiranos y los usureros, pero sí los mártires de las ciencias y las artes, los héroes de la libertad, de la justicia, de la fraternidad, de la filantropía, los exploradores, los inventores, los educadores, los pensadores, los músicos, los poetas, los conspiradores, los patriotas, el bienestar del individuo, que hasta ahora «depende de lo que se anexa, absorbe o apropia, dependerá de lo que irradie», como dice Hubbard, y entonces el plano en que se desliza la conducta personal en la sociedad habrá invertido su inclinación de la iniquidad a la rectitud, del egoísmo al altruismo, de la soberbia a la benevolencia, de la insolencia a la cortesía, de la hipocresía a la sinceridad, de la mentira a la verdad, y habrá llegado para el común de las gentes esa situación de las almas superiores en todos los tiempos, desde Sócrates, Platón, Jesús, Epicteto y Marco Aurelio, hasta el filósofo de Massachussets, que la describe así: «Todo hombre tiene cuidado de que no le engañe su vecino. Mas llega un día en que se cuida de no trampear él a su vecino».

El porvenir

En el siglo XIX la vida humana ha sido alargada en diez años por la supresión de las epidemias, tanto y tan inútilmente suplicada a Dios, puesto que dependía del adelanto de las ciencias humanas que él no podía crear y difundir, y de las obras de salubridad que él no podía construir; por la disminución de la miseria que dependía de la libertad política, de los métodos económicos y de las máquinas que él no podía inventar; por la disminución de la imbecilidad humana mediante la educación y la instrucción, que Dios no puede hacer y que están haciendo las escuelas y las universidades.

«El cuerpo, que es el irreconciliable enemigo del alma en la doctrina cristiana» está recibiendo ahora, hasta de los creyentes en la virtud póstuma, de la mugre y de las llagas, atenciones que el gran Pascal hubiera considerado pecaminosas.

En el último siglo la pena de muerte ha sido gradualmente restringida, y reducidas las prisiones en número y en grado de mortificación a la mitad de lo que fueron en el precedente, y la tendencia está pronunciada en el sentido de transformarlas en reformatorios por el trabajo y la instrucción, mientras una educación más racional acabe por hacerlas innecesarias, pues «las malas pasiones no son, como dice Manuel Ugarte, carne del hombre, sino enfermedad adquirida del ambiente en la niñez».

Cuando la felicidad humana era poca y la infelicidad era mucha, aquélla alcanzaba apenas para unos cuantos acaparadores y ésta sobraba para el resto de los hombres. Por efecto de los trabajos de las ciencias y las artes liberales que suprimen progresivamente la segunda, y de las reivindicaciones del pueblo que extienden periódicamente la primera, la educación de la inteligencia y de los sufrimientos, el bienestar y la dicha, podrán alcanzar para todos los hombres y las mujeres, y aun sobrar algo para los animales inferiores que también lo necesitan.

«El misterio de la justicia, que antes estaba en manos de los dioses, resulta estar en el corazón del hombre, que contiene al mismo tiempo la pregunta y la respuesta, y que quizás algún día se acordará de ésta», dice Maeterlinck.

«Llegará a ser materia de asombro, dice Spencer, que haya existido gentes que encontraran admirable disfrutar sin trabajar, a costa de los que trabajaban sin disfrutar», y sir Oliver Lodge encuentra ya extraño que un individuo pueda vender un pedazo de la Inglaterra para su beneficio particular.

«La humanidad está creciendo en inteligencia, en paciencia, en benevolencia —en amor», dice Hubbard. Los hombres de bien empiezan a encontrar en los afectos del hogar y de la amistad alegrías y satisfacciones bastantes para sentirse ampliamente compensados de todas sus virtudes en la tierra. Con el adelanto de la inteligencia, la bondad y la sensatez humanas; con la creciente abundancia de producciones en perspectiva por el desarrollo de las artes y las ciencias; que acabarán por suprimir la ignorancia, el vicio, el crimen, el dolor y la miseria; con la atenuación progresiva de las desigualdades del presente, que son el fruto de las iniquidades del pasado, por el mejoramiento incesante de la capacidad moral del individuo, se perfila en lontananza un tipo de hombre superior, que, sabiendo extraer del lado noble de la naturaleza humana todo el bienestar a que aspire, no sentirá la necesidad de que sus buenas acciones sean premiadas con recompensas desproporcionadas, ni castigadas con penas eternas los que le causen males pasajeros.

La materia de la religión, que es la necesidad de castigar en un mundo imaginario los males impunes del mundo real, y de premiar en otra vida las bondades no gratificadas en ésta, está viniendo a menos constantemente por el progreso moral de la especie humana, y se puede prever desde ahora que, cuando todas las acciones malas sean castigadas o perdonadas, y todas las buenas sean premiadas aquí, Dios se quedará sin tener nada que hacer allá, y a menos que se empeñe en ser más malo que los hombres, castigando lo que éstos olvidan, y dándoles, quand même, recompensas a que no aspiren, se verá obligado a clausurar definitivamente el purgatorio, el infierno y el cielo, dejando sin empleo a todos sus ministros en la tierra.

Y recién entonces podrán los hombres vivir inexplotados y en paz, y ser dichosos, en este mundo y en los otros.

Las ideas capitales de la civilización en el momento
que pasa

La vida y el bienestar

En el siglo XIV, en el que 25.000.000 de habitantes —casi la mitad de la población de Europa— sucumbieron de la peste negra, los peligros que asediaban permanentemente al habitante, provenían de los poderes sobrenaturales a los que les eran atribuidas las sequías, las inundaciones, las epidemias, los terremotos, las pestes, las cosechas y los triunfos de la guerra.

Tres horas diarias de pensamiento y de acción, en término medio por cada hombre y cada mujer, estaban empleadas en precaverse de los males y asegurarse los bienes individualmente, y un ejército permanente de teólogos en la más radical ignorancia de la higiene la agricultura, la pedagogía y la mecánica, estaba dedicado a asegurar el bienestar general por procedimientos místicos, percibiendo en compensación, coercitivamente, el diez por ciento de la producción ajena y voluntariamente otro tanto en donativos.

Era como si cada persona llevase sobre sus espaldas una plancha de plomo de diez a veinte kilos de peso, para asegurarse la posibilidad de andar, suponiéndola imposible sin esa carga, y la diferencia más importante entre los colonizadores anglosajones y latinos del nuevo mundo fue el mayor gasto inútil de éstas en el seguro de vida, por el mayor empleo y el mayor costo de los servicios espirituales obligatorios e indispensables para estar «en gracia de Dios» y a cubierto de los demonios. Se explicaría así el ningún resultado de la libertad política para labrar el bienestar general, hasta que sobrevino por la instrucción pública el descreimiento, que llevó a emplear en mejoras agrícolas el dinero que se malograba en la compra de indulgencias, y en médico y boticas lo que se gastaba en pagar curaciones imaginarias a los santos.

Que la multiplicación de los templos y de los teólogos en una región no tiene influencia de ninguna clase sobre los caracteres del suelo y del clima, ni sobre la criminalidad, ni suprime los terremotos y los tiranos, ni detiene las epidemias ni las pestes, cualquier persona sensata podría observarlo; pero el que mostraba síntomas de sensatez era perseguido a muerte por los poderes públicos, y el mismo Blas Pascal, que se hacía torturar las carnes con un cilicio, para asegurarse la salud a la moda del tiempo, no se vio libre de persecuciones.

En esas condiciones de la vida medioeval, ningún progreso era posible, porque la imbecilidad humana era igual a la capacidad humana, y gravitando más duramente allí donde el clima era menos clemente, la insurrección empezó en los arenales del Brandemburgo, y prosperó en la Alemania del Norte, desde que los príncipes vieron en la Reforma el medio de apoderarse de los cuantiosos y codiciados bienes de las iglesias, que producían el empobrecimiento universal por el expendio del consuelo universal.

Del mismo modo en Inglaterra, la necesidad de contener las extracciones de dinero a Roma, (ascendentes en la Francia del siglo XVI a 700.000 escudos anuales), que enflaquecían al país para retornar en reliquias e indulgencias, indujo a prescindir del milagro, substituido por «la angustia mental» que inutilizó el domingo inglés, y a confiar en el «self-help», que paulatinamente trasladó al hombre del rol pasivo al rol activo, de la devoción a la acción, desalojando a la Providencia en la política y en la producción, para iniciar esa prodigiosa transformación de la agricultura rutinaria en la agricultura científica, que culmina en Norteamérica.

El remanente de riqueza retenido para las necesidades nacionales por la supresión del «drenaje del ahorro para la expiación del pecado», vino a ser para las naciones del Norte de la Europa Central, que habían sido hasta entonces las más pobres, el comienzo de una prosperidad creciente hasta nuestros días, particularmente acelerada con el refuerzo del «self-help» por el empleo del vapor, que «es casi un inglés», como dijo Emerson.

La civilización medioeval consistió en el empleo de las fuerzas sobrenaturales captadas por procedimientos teológicos para la defensa de la vida, y la civilización moderna consiste en el empleo de las fuerzas naturales captadas por procedimientos físico-químicos. Los países musulmanes y los cristianos del Oriente, Armenia y Abisinia han quedado fieles al primer plan, y los cristianos del Occidente han empleado simultáneamente los dos, en proporciones tan diferentes, que en la actualidad, mientras la América del Norte tiene diez escuelas por cada iglesia y cuatro caballos de vapor por cada habitante, la Rusia y mucha parte de la América del Sur tienen todavía diez iglesias por cada escuela nacional y un décimo de H. P. por habitante. Nosotros tenemos cerca de cuatro escuelas por cada iglesia (5.000 y 1.290).

Hasta el siglo XVIII, la enseñanza primaria, secundaria y universitaria estaban arregladas para conferir al educando un poder indirecto sobre el ambiente por la consecuencia de la gracia divina y el patronato de los santos, a fin de que éstos cambiaran o predispusieran los fenómenos naturales en manera favorable a los intereses personales del respectivo devoto, y la enseñanza arreglada para conferir al hombre un poder directo sobre los recursos ambientes por medio de los instrumentos, las máquinas y los procedimientos científicos, solo empezó a acentuarse desde los comienzos del siglo XIX. Se inicia entonces francamente la decadencia de las ciencias sobrenaturales y el desarrollo creciente de las ciencias naturales, y de sus aplicaciones a la defensa de la vida y la sociedad, al ensanche de la producción y de las comunicaciones, al mejoramiento de las relaciones entre los individuos y entre los pueblos por la comunidad de artes y de ciencias, aun en la disparidad de creencias, y el carbón de piedra engorda prodigiosamente a los más mientras los otros siguen enflaqueciendo por el empleo del milagro, «costoso y de rendimiento incierto».

Como el poder actual de las naciones depende de la proporción de fuerzas naturales que han puesto al servicio de la vida nacional, por el cultivo y el empleo de la inteligencia humana, la «Reina del Océano» en el siglo XVI, no tiene hoy ni escuadra, y el más remoto país, que era entonces desconocido, pero que ya practicaba por una feliz intuición de la ciencia moderna el aseo personal, ha llegado a ser una de las grandes potencias de la era presente, en solo cuarenta años de no emplear ninguna parte de los recursos fiscales en pagar auxilios imaginarios y de invertirlos íntegramente en la apropiación de las energías naturales, primer caso en el mundo de aplicación de los métodos modernos de vida con prescindencia casi absoluta de los métodos medioevales.

En cambio, parece que, por compensación o por la urgencia de recuperar el tiempo perdido, los pueblos que se despiertan más tarde del supernaturalismo al racionalismo, se despiertan más completamente. Así la Francia, así el Portugal, que han expulsado a los frailes, cuando Inglaterra no puede todavía establecer la enseñanza laica y obligatoria que tienen aquéllas, porque la resisten los obispos y sus hechuras en la Cámara de los Lores, y se ve aventajada por los norteamericanos y los franceses en las industrias que requieren una mayor inteligencia en el obrero.

Del mismo modo, parece también que la más cristiana de todas las virtudes cristianas, que es la imprevisión espontánea en el salvaje, deliberada en el anacoreta, es reemplazada por la más anticristiana, que es la previsión, con mayor empuje en los pueblos que llegan más tarde a practicarla.

No obstante la conminación evangélica a vivir como el lirio del valle y el pájaro del bosque, sin pensar en el mañana, sin sembrar y sin guardar, fue posible el ahorro desde que cesó la costumbre de invertir el dinero sobrante de esta vida en la otra y se le ocupó entonces en la industria o el comercio y en préstamos a los gobiernos extranjeros. Y el capital inglés, el primeramente formado, fomentó el progreso de todo el mundo y particularmente en la América del Sur que sin él estaría aún en la barbarie.

Luego, a proporción que los franceses dejaban de preocuparse de las tribulaciones de los antepasados para atender a las de los descendientes, la Francia que había sido, al estallar la gran Revolución, el país de menos capitales y de más bellas deudas, pasando de un extremo al otro y yendo hasta economizar el número de hijos para aumentarles la dote, ha llegado a ser el país que tiene más capitales y más préstamos a cobrar.

Las otras naciones, donde el ahorro ha seguido aplicándose a la obtención de las energías sobrenaturales para asegurar la salud de los vivos y el bienestar de los muertos, Rusia, España, Turquía, Portugal, Austria-Hungría, no han pasado aún de las condiciones de prestatarios a la de prestamistas.

La vida y la salud

(El costo de las velas)

Enjaezado por una manera particular de concebir la vida y sus incidencias, el individuo está determinado en el curso de su existencia por sus respectivos arneses mentales, llevando las riendas, de ordinario, las necesidades sobrenaturales en el que las padece, las naturales en todos y alternativamente los gustos, los vicios, las virtudes, el amor o el odio preponderantes en cada momento dado. Toda la diferencia con el caballo de tiro está en que uno lleva los arneses por fuera y a la vista y el otro los lleva por dentro e invisibles, salvo, por supuesto, los que llevan el duplicado del espíritu en el traje profesional.

Diferencias mentales insignificantes de individuo a individuo, se hacen enormes cuando son, por acumulación, diferencias de millones a millones de individuos. Muchas hebras de paja reunidas detienen el paso de un elefante y muchas menudencias acumulativas detienen la marcha de una nación.

En su forma originaria, el misticismo era la subordinación de la salud del cuerpo a la salud del alma, de modo que toda disminución de aquello debía importar necesariamente un mejoramiento de la vida.

El espíritu práctico, que fue la característica del pueblo romano en la antigüedad, resurgió en oposición al espíritu místico y llegó a ser una característica de los pueblos que se plegaron a la Reforma, particularmente de los anglosajones, mientras el espíritu medioeval continuó siendo la característica de los pueblos que quedaron fieles al misticismo medioeval.

Y acentuándose con el andar del tiempo la nueva tendencia, se ha llegado en el más práctico de los pueblos modernos a hacer de la religión misma un instrumento de sugestión mental para la salud corporal, en la llamada «Christian Science» de Mrs. Eddy.

En virtud de la doctrina de la expiación del pecado por el sufrimiento, y en repudio de las costumbres paganas, el desaseo fue erigido en virtud religiosa, y más tarde Mahoma estableció las abluciones como una práctica religiosa.

Con esto, en la lucha por la salud, este elemento de superioridad quedó de parte de los musulmanes, que conquistaron dos grandes porciones de la Europa, estableciendo en ellas una civilización más alta que la que habían desalojado.

Esa ventaja fue después contrarrestada y superada por el mayor desenvolvimiento de las ciencias y las artes entre los cristianos, al influjo del racionalismo naciente, con más fuerza o contra menores resistencias en algunas regiones, en manera que dos o tres siglos más tarde las naciones cristianas de Europa eran muy desigualmente poderosas.

En el siglo XII, la defensa de la salud se realizaba por las oraciones y los amuletos en el Oriente; por las oraciones y las reliquias en el Occidente. La Reforma, que fue un movimiento de carácter económico para la abolición del comercio de indulgencias y reliquias, descalificó el milagro para descalificar el vehículo de la extorsión, y por esta coyuntura pudo renacer la higiene pagana en la fórmula del «mens sana in corpore sano», por el baño y los sports, a punto de que puede decirse que la higiene por métodos naturales renació protestante y anglo-sajona principalmente.

Cuando los enfermos sanaban por milagro solamente, tenían razón de ser y no existían la higiene y la terapéutica, que estaban condenadas por la Iglesia en defensa de la castidad y de la taumaturgia respectivamente; la mortalidad igualaba a la natalidad y el crecimiento vegetativo de las poblaciones era nulo o insignificante, estando la salud de los vivos encomendada a la voluntad de los muertos en la heroicidad o la santidad.

Decreció en cambio la población de alimañas y parásitos externos, de los inquilinos del desaseo, colaboradores inconscientes de la salvación medioeval, con el empleo del jabón y de la camisa visible y lavable que inventó Burmmel, novedades que se han abierto camino muy lentamente allí donde el sentir de los teólogos había encontrado su complemento popular en el viejo refrán «chancho limpio nunca engorda».

Definiendo la nueva manera de realizar la defensa de la vida contra la insalubridad ambiente, los norteamericanos decían que «la civilización de un país se mide por el consumo de jabón», y consiguientemente, la incivilización debía medirse por el consumo de velas a los santos para el mismo objeto.

Cuando el milagro era el agente exclusivo para la conservación de la salud, la mortalidad excedía del 30 por mil, y en razón de la enorme mortalidad infantil, el término medio de la vida humana no pasaba de quince años, que se han doblado primeramente para los anglosajones, porque la higiene experimental ha hecho descender la mortalidad a cerca de 15 por mil, mientras excede todavía del veinticinco en la cepa española. Calculando para ésta un promedio de 20:000.000 de habitantes en el siglo XIX, y tomando la cifra sajona para la gente que ha muerto inevitablemente, y su diferencia con la cifra española e hispanoamericana para la que ha muerto evitablemente, la higiene mística nos habría costado veinte millones de vidas, prematuramente aniquiladas en el siglo en que se ha consolidado la higiene racional.

Y a continuar en la misma relación, otros veinte millones de vidas, con otros dos mil millones de pesos se perderán, evitablemente, en holocausto a la fe en la higiene y la terapéutica sobrenaturales.

«La principal industria de la Edad Media, dice Seignobos, era la cría de abejas por la cera para alumbrar las iglesias, y la miel para endulzar los vinos». En Rusia, donde el pueblo analfabeto es el 97 % y se sigue practicando la defensa de la salud por medio de las velas de cera, de cada mil niños, 495 mueren antes de los cinco años. En dos años de administración norteamericana, la mortalidad, que era de 132 0|00 bajo la dominación española, descendió a 22 0|00 en Cuba.[1]

Según las informaciones telegráficas de Santiago de Chile, el mes pasado han perecido allí setecientos niños de menos de un año, pero todo el horror de este hecho queda fuera de los arneses mentales del hispanoamericano, como estuvieron antes fuera del alcance de sus sentimientos la tortura, la servidumbre, la esclavitud, el despotismo, la ignorancia y la miseria consecutiva.

Para el modo de ver de un teólogo soltero, esos niños habrían ido derechamente al cielo o al limbo, según que estuviesen bautizados, y «san» se acabó. La pérdida que ello importa para el país y para la raza, siendo una ganancia para el cielo, no se toma en cuenta, pues para el que tiene arneses de ir al otro mundo, judío, cristiano, musulmán, etc., los intereses de este mundo quedan fuera de la respectiva carretera, cuando las anteojeras son muy grandes y puede aún llegar al punto de destino sin haber dado un paso en este planeta. Vale decir que, en un solo mes y de una

---

1   En la ciudad del Rosario, la mortalidad que es de 14 0|00 en las secciones que tienen obras sanitarias, alcanza en las que tienen la higiene de la edad media la horrorosa cifra de 160 0|00 en niños menores de cinco años —dice el doctor don Juan Álvarez.

sola procedencia, la población de aquellos parajes se habrá aumentado con 700 párvulos a perpetuidad por consignación eclesiástica.

La religión y la ciencia

El objetivo de la ciencia es la vida que transcurre en el mundo natural, y el de la teología es la que transcurre y la que no transcurre, y está en primer término.

Como la vida y las leyes naturales son las mismas en todas partes, hay una sola ciencia verificable de la vida y más de cuatro mil religiones o ciencias inverificables de la vida y de la muerte.

Si la salvación depende de no comer jamón o de no beber alcohol, o de beber tres gotas diarias de orines de vaca sagrada, o de no comer vaca profana en día viernes, son asuntos que están fuera de la ciencia positiva, porque los problemas imaginarios solo pueden ser planteados y resueltos por las ciencias imaginarias.

Porque la mente tiene el privilegio de salir de la realidad, construirse realidades mentales, poblar con ellas el mundo natural, y arreglar a ellas la conducta personal, pudiendo desacertar en mayor o menor medida, lo que tendrá una influencia más o menos desfavorable sobre el sujeto y sus alrededores y ninguna sobre su teología, pues todo el mal que de ésta resulte será considerado como una fatalidad inevitable o como infinitamente inferior a los bienes inverificables. Por esto la ciencia es buscada como el pan, en razón de las utilidades reales que proporciona a todo el que la use, y la religión se hereda como el color de la piel y se la aguanta, por mucho que reduzca las posibilidades individuales y nacionales, por las utilidades imaginarias que proporciona al que la cree y que no proporciona al que no la cree y que por esto no la busca, ni la quiere o la repudia.

La vida puede ser reducida o rebajada en diferente porcentaje por un andamiaje de terrores y esperanzas ilusorias o por la disminución de los sentidos o del intelecto, o por las dos desgracias juntas, y el saldo será diferente pero la conformidad será igual, correspondiendo a cada diferente plan de vida un coeficiente de duración diferente también.

«La mente que va paralela con las leyes de la naturaleza estará en la corriente de los acontecimientos, y fortalecida con las fuerzas de éstas», dice Emerson. Y la que no vaya paralela no será fortalecida, y la que vaya en contra será debilitada por ellas, pues el hombre puede hacer su verdad y extraviarse con ella, pero no puede hacer la verdad del mundo exterior y extraviarlo en la misma dirección.

Como los peligros y las defensas sobrenaturales solo existen por creación del espíritu humano, son diferentes en especie y en grado en todas las gestiones y latitudes y susceptibles de ser abandonados o mantenidos, disminuidos o aumentados, por simple cambio del pensamiento, sin que cambie en el mundo otra cosa que el empleo de la vida del sujeto mismo, que cesará de gastar en ellos si cesa de creer en ellos, o gastará el doble si cree el doble, en perjuicio o en beneficio de los respectivos intermediarios, por esto instintivamente interesados en mantener en la más alta tensión el terror sobrenatural para ordeñarlo con más provecho, a cuyo efecto hacían creer antes a las gentes que el mundo existía por y para las creencias y se acabaría si ellas cesaban.

Como en la Europa central y occidental los teólogos no lograron mantener en tensión máxima universal el terror religioso, la inteligencia humana pudo emanciparse del peligro teológico y llegar a engrandecerse con todo el poder de las energías cósmicas, que trabajan gratuitamente para todo el que aprende a gobernarlas.

En los males imaginarios, el empresario del remedio es, por supuesto, el más entusiasta y el más infatigable propagandista del peligro: cada cual se preocupa de hacer creer en la realidad del infierno de que puede sacar penados, siendo al mismo tiempo el más ardoroso negador de la existencia de los otros infiernos de que sacan otros especialistas.

Pero resulta que sobre los peligros y los temores sobrenaturales del pasado están injertadas, no solamente las instituciones religiosas, sino también las instituciones políticas del pasado, con lo que hay dos grandes y poderosos interesados en su mantenimiento, desde que su cesación comportaría el derrumbamiento de entrambos. Y la mayor complicación proviene de la competencia internacional, que impone la educación del pueblo, so pena de anularse brusca o lentamente el país que la suprima o la reduzca. El dilema es inevitable: ser comido lentamente por los frailes, los derviches, los bonzos, con elevada mortalidad y miseria grande, para ser luego despojado o absorbido de golpe por los rivales o levantarse y andar como ellos.

Y la solución que se ha encontrado para cultivar los poderes intelectuales sin destruir o disminuir el miedo a los peligros sobrenaturales, obviando el antagonismo entre la casualidad natural y la sobrenatural, es la enseñanza religiosa de las ciencias profanas; el cultivo de la memoria sin despertar el raciocinio, por la ingestión de explicaciones depuradas en respuestas hechas, aprendidas y almacenadas en la mente para responder a preguntas hechas, a fin de que el educando atraviese la escuela, el colegio y la universidad con anteojeras de mula, «con sujeción estricta a los textos», viendo lo que ponen delante y no lo que le substraen o queda a los costados, como Renan, que recibió las órdenes menores en San Sulpicio sin saber que había existido la revolución del 89.

Pero el individuo habilitado solamente para repetir como un fonógrafo, con o sin variaciones, lo que le han enseñado en la ciencia circunscripta por la fe, no podrá ser más que un loro sabio, de grande o aun de maravilloso vocabulario, y el país que cultive todos los poderes intelectuales del habitante estará siempre mucho más arriba del que solo cultive alguna parte. Aun edificando el saber sobre la capacidad pasiva de asimilar conocimientos, la enseñanza religiosa corre graves riesgos de despertar inopinadamente la capacidad activa, suscitando en un seminarista un Combes, y un France en un discípulo de los asuncionistas.

Mariano Moreno, el alma de la revolución de Mayo, era doctor en teología de la Universidad de Chuquisaca, como Voltaire era discípulo de los jesuitas, porque la misma educación calculada para atrofiar las alas del espíritu, fracasa en las inteligencias descollantes no habiendo procedimiento que valga para transformar los cóndores y las águilas en aves de corral.

De la casualidad milagrosa, que es la base de la escuela eclesiástica, no ha salido ningún invento, ningún descubrimiento, pero han salido todos los actores de la Revolución Francesa, los terroristas, los nihilistas, y los anarquistas; y de las Universidades fundadas y regenteadas por obispos, salieron todos los emancipadores de la América del Sur, consistiendo así su único mérito en haber servido para lo que no fueron establecidas.

A consecuencia de esto, y a precio de rebajar la mentalidad nacional por la enseñanza anticientífica de la ciencia, a menudo equivalente a escamotearla, y de que son víctimas en primer término los huérfanos y las clases conservadoras, los poderes dogmáticos solo consiguen aplazar su derrumbe para hacerlo más completo en definitiva. Bajo la enseñanza religiosa, la Francia monárquica llegó a ser más republicana y más librepensadora que la Inglaterra liberal, cuyo Parlamento votaba, en 1840, 30.000 libras para escuelas y 70.000 para las caballerizas del rey.

Abrazando la causa del liberalismo, la casa de Saboya levantó la monarquía levantando a la Italia, y apoyándose en el clericalismo, la casa de Braganza perdió la corona, atrasando, empobreciendo y endeudando a Portugal.

La América del Sur se encuentra en plena evolución del espíritu místico al espíritu práctico en algunas partes, y en plena regresión en otras. Para la prosperidad de las poblaciones, un ferrocarril, un puerto, una escuela, un banco, son infinitamente más eficaces que un obispado, y es con ellos que, en sesenta años de liberalismo tibio, la Argentina ha hecho descender el precio del oro del 2000 al 227 0|0, mientras Colombia lo ha hecho ascender al 5000 0|0 y perdido a Panamá en dieciocho años de reaccionarismo rabioso. Con su prodigioso santuario, Catamarca no ha podido aún salir de la pobreza consuetudinaria, y con la agricultura científica, Mendoza ha aumentado sus recursos de medio a cuatro y medio millones de pesos en veinticinco años, aún teniendo adentro, como las manzanas averiadas, a los más hábiles despojadores de viudas ricas y beatas, que pagan el más alto tributo al miedo religioso, en dinero acumulado por sus maridos descreídos que pasa al activo de la riqueza eclesiástica.

La penetración de los instrumentos materiales de la civilización moderna es inevitable aun en los países en que el hombre vive sintiendo, pensando y pereciendo en los viejos moldes y en pos de aquellos va la infiltración de las métodos mentales de que proceden. El vapor, el ferrocarril, el automóvil, son los precursores del régimen constitucional y del librepensamiento en Turquía, en Persia, en China, en Rusia.

Se ve cuán profundo era el pensamiento de lord Acton, el famoso católico inglés, cuando decía, en referencia al gran pontífice que dejó nacer y crecer al modernismo: «Pienso que León XIII es el primer Papa que haya sido bastante sabio para desesperar, y sentido que debía empezar una nueva partida y gobernar por extrañas estrellas sobre mares desconocidos».

Instituciones libres[2]

El problema que las instituciones libres deben resolver es el del gobierno de las sociedades humanas, a gusto y beneficio de los gobernados, y el mayor inconveniente para la buena gestión de los intereses ajenos, es la tendencia espontánea del individuo a preferir su propia voluntad y su propia conveniencia a las de los otros tanto más cuanto le sean menos afines por la sangre, el espíritu, el suelo, la lengua o el color, y las maneras de suprimirlo o atenuarlo son, naturalmente, la división del poder en varias ramas, que se contrapesen recíprocamente, y su contralor por la opinión pública.

En la antigüedad, solamente los griegos, que hicieron los primeros ensayos de confederación y de gobierno del pueblo por el pueblo, y los romanos, que se dedicaron a la conquista con incorporación, concibieron el problema y trabajaron para resolverlo, ensayando una gran variedad de formas políticas incompletas, que fracasaron sucesivamente, y desarrollando la cultura del entendimiento en una medida tan vasta que, aun preterida porque «no servía para salvarse», durante la noche de diez siglos en que nuestros antepasados se olvidaron de las necesidades de la tierra para delirar con el cielo, el purgatorio y el infierno, ha venido a ser la fecunda simiente de que procede la civilización moderna.

Las repúblicas griegas, en quienes el instinto de la venganza era todavía más grande que el sentimiento de la justicia, que ignoraban los derechos de las minorías, como nosotros en la primera mitad del siglo pasado, y no llegaron a conocer ni la división, ni la limitación de los poderes, ni los grandes beneficios recíprocos de la benevolencia para los vencidos, condenados siempre al ostracismo y la cons-

2   Conferencia pronunciada en la Universidad de La Plata, 1909.

piración, fueron asimismo el paraje en que el pensamiento humano pudo levantarse y desenvolverse con mayores holguras.

Como dice Renan, «el estado habitual de Atenas era el terror. Jamás las costumbres políticas fueron más implacables, jamás la seguridad de las personas fue menor. El enemigo estaba siempre a diez leguas; todos los años se le veía aparecer; todos los años era necesario guerrear con él. Y en el interior, ¡qué serie interminable de revoluciones! Hoy desterrado, mañana vendido como esclavo, o condenado a beber la cicuta; después, lamentado, honrado como un dios; todos los días expuesto a verse arrastrado a la barra del más inexorable «tribunal revolucionario», el ateniense que, en medio de esta vida agitada, jamás estaba seguro del día siguiente, producía con una espontaneidad que nos asombra».

La república romana, que llegó a realizar en cierta manera la división de los poderes y el principio de la responsabilidad, tuvo, en consecuencia, una vida más robusta y una existencia más larga, pero, desconociendo el principio de la representación, tiranizó fatalmente a los pueblos vencidos, tanto menos oídos en la opulenta capital cuanto más esquilmados en la remota provincia, y el ejercicio del despotismo afuera, inhabilitando a los dominadores para la práctica de la libertad en casa, substituyó paulatinamente a los gustos y las formas republicanas, el absolutismo y las pompas orientales.

Y aquella incomparable agrupación humana que empezó como escuela de libertad política, terminó en cátedra de absolutismo asiático, inoculado a la parte más civilizada del mundo antiguo, en cinco siglos del más absorvente centralismo.

La ley, que había empezado por ser la expresión de la voluntad del pueblo, acabó por ser nada más que la expresión de la voluntad del príncipe, según la máxima de las Institutas, que sir John Fortescue declaraba en el siglo XV «completamente extraña a los principios de la ley inglesa»: quod principe placuit, leges habet vigorem.

«Más esfuerzos han sido necesarios para formular la idea de que el hombre es libre que para saber que la tierra se mueve alrededor del Sol, dice Ihering. La historia ha trabajado infinidad de años, millones de hombres gimieron en la esclavitud y ríos de sangre han corrido en los tiempos más recientes, antes de que aquel principio se realice».

Y esto se refiere ya al segundo de los obstáculos mayores que ha encontrado el problema de las instituciones libres.

Porque el terror a lo desconocido y la necesidad de saber para obrar o abstenerse, han originado las seis mil explicaciones diferentes de los fenómenos naturales por los poderes sobrenaturales que llamamos religiones, y éstas han puesto fuera del contralor de la razón y de la experiencia humanas los asuntos que más interesaban, al dar carácter sagrado a las concepciones primitivas, tanto más sagradas cuanto más antiguas, vale decir, cuanto más absurdas.

Por supuesto, el entendimiento se adapta a las creencias en que ha sido amamantado como el paladar a los alimentos, y toda religión es tenida por los que la profesan, y mayormente por los que de ella viven, como el mayor bien posible. Por sus efectos morales, intelectuales y económicos sobre las sociedades, todas son desastrosas en diferente medida, según la historia y la estadística, que los creyentes no pueden entender, y que los estadistas deben tomar en cuenta, si realmente les interesa el porvenir de su país.

«Una religión es una causa de debilidad para un país», ha dicho el marqués Ito. Y en efecto, sea que se propongan gobernar a los vivos a gusto y beneficio de los muertos, para que sean felices después de muertos, como las derivadas del judaísmo, sea que se propongan defenderlas contra los malos espíritus, como las de la China, el África, la Oceanía y la América salvajes, toda religión es una doble defraudación a la energía humana, desde luego porque inducen a ejercitarla en vías tan costosas como estériles, y después por las servidumbres y las limitaciones que imponen al individuo a trueque de beneficios imaginarios, dependiendo la extensión de los males que producen del grado de poder político de que disponen para cohibir al pensamiento dentro de sus recintos cerrados.

Así, nada les debe la libertad, pero el despotismo les debe mucho, pues han sido siempre un resorte de gobierno, y precisamente el que ha dado continuidad y estabilidad al poder, al proveerlo del único carácter que podía hacerlo hereditario —el carácter sagrado— desde que las capacidades naturales no se transmiten necesariamente de padres a hijos. Los del primer dictador romano que fue proclamado dios, quedaron por esta sola circunstancia en condición superior a la de todos los demás ciudadanos romanos, y para evitar que el suyo quedara, como el de Cromwell, en el común. Napoleón se hizo ungir de potestad divina y consagrar por el papa.

De aquí que todo poder dinástico y toda aristocracia hereditaria sean los aliados naturales de alguna religión, es decir, de la forma particular de instrumentación del terror a lo desconocido de que proviene o en la que descansa su autoridad o su superioridad extra personal.

Nada fue así más natural que la «Santa Alianza», en la que los déspotas europeos, sacudidos por los primeros estallidos del sentimiento renaciente de la libertad, al finalizar el siglo XVIII, se concertaron para destruirla, sostenerse mutuamente y ayudar a Fernando VII a sofocar la independencia de sus colonias americanas, que el papa, por su parte, había excomulgado desde el primer momento.

En las poblaciones helénicas de que surgieron las repúblicas griegas y la romana, como en las tribus germanas, la virilidad individual por la fuerza, el talento y la salud, era un desideratum nacional, el valimiento actual pesaba más que el mérito ancestral, y la religión era un auxiliar del estado, en categoría tan secundaria, que los héroes semidioses de la mitología griega provienen del campo de la acción laica, a diferencia de la civilización cristiana, en la que provienen del campo de la acción religiosa; a diferencia también de la civilización moderna, en la que provienen del campo de la acción política, social, científica y educacional.

En las tribus germanas que poblaban la Inglaterra en la época de Tácito, el jefe civil era un funcionario elegido, no en mérito de su nacimiento sino en el de sus hechos, para administrar la justicia y presidir las asambleas de los hombres libres, en las que los sacerdotes solo tenían misión para guardar el orden; el jefe militar era elegido para cada expedición común, en mérito de sus proezas en anteriores expediciones personales voluntarias, y la conservación del carácter electivo y del poder limitado y revocable de los reyes anglosajones, en frente del poder absoluto e irrevocable de los reyes de derecho divino, erigidos por el cristianismo, ha sido durante doce siglos la gran obra del pueblo inglés en beneficio de la civilización liberal.

Porque el proceso de asiatización de la Europa, que rebajó el estandarte de la vida en todo el continente, desde la fe en el esfuerzo humano a la fe en la gracia divina, aun en Escocia con el protestantismo y en Irlanda con el catolicismo, fue menos eficazmente llevado o más felizmente resistido por las tendencias indígenas en la Inglaterra, el país que relativamente ha producido menos santos y más políticos, exploradores, pensadores e inventores, el único país donde la libertad ha fluido del espíritu de independencia, no obstante las excomuniones reiteradas de los papas contra todas las cartas sucesivas de libertades; donde el derecho político ha salido de los precedentes ensanchados por crecimiento natural, como planta indígena, y no de trasplante o injerto como planta exótica; donde un mayor interés por los bienes positivos, contrarrestando las exageraciones del idealismo visionario, originó la mayor aptitud para el comercio, la industria y la colonización, dando margen para ese espíritu práctico que se desinteresa de los modos de pensar para atender a los modos de obrar, a la inversa de ese espíritu sentimental impreso a los hombres por el cristianismo y el mahometismo, que prescinde de los hechos y se infeuda a las doctrinas, hasta no poder producir más que santos y mahdis, es decir, momias espirituales, manera de pasividad mental que el estancamiento social secular convierte en instinto nacional, que la Inquisición llevó al máximum en España, extinguiendo el foco aislado de liberalismo de Aragón, y de que provino entre nosotros la feroz intransigencia de unitarios y federales sobre doctrinas políticas liberales sostenidas por los procedimientos más brutalmente tiránicos.

Con el espíritu del self government, se preservó también en la Gran Bretaña el amor a la justicia y el instinto de progreso, adormecidos en el continente por la confianza en la justicia divina y la esperanza del cielo para los pobres de espíritu; anquilosados en las civilizaciones de la India y la China por la institución de las castas cerradas y el mandarinismo, que oponían una barrera infranqueable a las capacidades particulares, y se salvaron precisamente por el sistema de las clases abiertas, pues la nobleza misma no era hereditaria sino el título de par y por el hijo mayor, quedando así la aristocracia interesada en la suerte de los comunes de la que participaban sus demás descendientes.

De estos factores provino esa resistencia siempre vencida y siempre renaciente del pueblo contra los desmanes y la avaricia de los reyes y de los papas, que alcanza su primera grande etapa en la Magna Carta, arrancada al rey Juan por los barones en 1215, eludida a menudo después, pero jamás borrada del espíritu público, donde se conserva con la fijeza de una constelación en el firmamento; reconfirmada y ampliada en el parlamento de Simón de Monfort, en 1265, echando al mar en Dover la bula que contenía la excomunión del papa contra los barones rebeldes para quedar, desde entonces, como el gran faro nacional para los días de tormenta o de niebla política, mientras en el continente, aun en Escocia y en Irlanda, y con la sola excepción de la Holanda y la Suiza, la sumisión cristiana a la autoridad divina de los papas, los pastores y los reyes, bajo la forma protestante, la católica o la ortodoxa, hacía tabla rasa de todos los sentimientos de independencia individual o comunal, y mayormente en España, donde el Santo Oficio, sentaba sus reales y sus instrumentos de tortura veintiún años después del nacimiento de la Magna Carta en Inglaterra, para modelar a nuestros mayores por el terror máximo en el plan de la más grande intolerancia sectaria y de la más completa sumisión pasiva al altar y al trono.

Y desde 1534 esta abdicación universal de la capacidad natural del hombre en la capacidad divina de la iglesia fue reconfirmada con la fundación de la compañía de Loyola, y el consiguiente orgullo fanático de los siervos favoritos de Dios exteriorizado medio siglo después, en la «invencible», enviada, dice Fiske, «para estrangular la libertad en su patria predilecta, por el tirano más execrable y cruel que haya visto jamás la Europa tirano cuya victoria hubiera significado no simplemente la usurpación de la corona de Inglaterra, sino el establecimiento de la Inquisición española en el tribunal de Westminster».

La característica de la civilización greco-romana, que en veinte siglos preparó el terreno sobre el cual se extendieron, más tarde, en simple substitución, las civilizaciones cristiana y árabe, y lo que hizo posible su prodigiosa expansión sobre los países y los continentes vecinos, fue la circunstancia de que la religión —regional, sin cosmología sagrada, sin dogmas teológicos y sin jerarquía eclesiástica— no cohibiera mayormente el libre juego de las capacidades naturales, como la parte progresiva de la misma circunstancia en Inglaterra —su tolerancia con las costumbres y las religiones particulares de los países conquistados hasta el punto de tener dos religiones oficiales en el mismo reino unido, constituido en cuna de la libertad y refugio de los perseguidos de toda la Europa—, explica la incesante expansión inglesa; como la misma circunstancia, bruscamente producida en Francia sobre el orden político y militar, por la revolución del 89, y a que se refería Napoleón al decir que todo soldado llevaba en su mochila el bastón de mariscal de Francia, explica la inopinada expansión francesa y la epopeya napoleónica, como la misma circunstancia sobre el terreno educacional, comercial e industrial en Norteamérica explica su portentosa prosperidad; como el cristianismo sin la ciencia europea en Abisinia, y la ciencia europea sin cristianismo en el Japón, explican el estancamiento secular del primero y el prodigioso desenvolvimiento repentino del segundo; como la circunstancia inversa —el fanatismo sin pensamiento y sin ciencia—, en España y Portugal, explica a su vez, el estancamiento regresivo a la manera musulmana de aquel imperio ibérico en que no se ponía el Sol, cuando aquello de que ha salido toda la potencialidad moderna —el espíritu humano— estaba aún en todas partes prisionero de los siglos pasados, como dice Ugarte; cuando la esperanza en los milagros de la fe obstruía en todas partes el advenimiento de los milagros de la ciencia y la inteligencia humanas.

«Entre las grandes naciones modernas fue únicamente la Inglaterra, dice Fiske, la que en su desenvolvimiento político se mantuvo más independiente de la ley romana y de la iglesia romana, y la única que salió del crisol medioeval con su gobierno propio teutón substancialmente intacto».

«De Homero a Constantino la ciudad antigua es una agrupación de hombres libres que tiene por objeto la conquista y la explotación de otros hombres libres», dice Taine. De Constantino adelante, otros objetivos para la vida dirigen la conducta por otros rumbos, pues una nueva concepción del hombre y del mundo, que ha hecho camino en el espíritu de las masas y llegado finalmente a la supremacía política y social, ha invertido todos los valores humanos, descalificando el pensamiento y la acción, la alegría, la salud y la fuerza y exaltando la esterilidad, la tristeza, la suciedad, la enfermedad, y la pobreza, porque el ideal y el destino del hombre han sido magnificados en el bien y en el mal y situados fuera de la humanidad, en un otro mundo que será el inverso del presente. La moral, que Aristóteles hacía consistir en «la utilidad social», consiste según los teólogos en «la sumisión a la voluntad de Dios», es decir, en la utilidad de Dios.

Esto se llama la «civilización cristiana», y a ella son convertidos los demás semibárbaros europeos por la persuasión o la fuerza. Desde entonces, la ciudad medioeval es una agrupación teocrática de visionarios a la expectativa del fin del mundo y del juicio final, levantando castillos, presidios, horcas y fortalezas para defenderse de la barbarie natural de los malvados vivos, y santuarios, templos, conventos y oratorios para procurarse la gracia divina, conseguir milagros y defenderse de la barbarie sobrenatural de los malvados muertos, a quienes la teología ha dado una segunda existencia, infinitamente peor que la primera, en los demonios, las brujas, los duendes, los fantasmas, las ánimas en pena, etc., etc.

Esta civilización cristiana, que considera al hombre perdido desde el pecado original, en imperiosa necesidad de salvarse, incapaz de conducirse por sí mismo y necesitado de curatela, sucedió a la civilización greco-romana, imperando exclusivamente en el continente europeo hasta el siglo XVIII, en diversas formas, y en una de las peores fue importada al nuevo mundo por la España en el XV.

La cosa vino así: un enviado especial del autor de todo lo que existe, que los judíos esperaban y siguen esperando aún, había descendido entre ellos, a la tierra, para iluminar el camino de la vida a los hombres, en una época en que la brújula, la ciencia, la navegación a vapor, las escuelas, los ferrocarriles, la libertad, y «esos signos de la idea, esas santas letritas de plomo que han esparcido el derecho y la razón por el mundo», como dice France, eran insospechables, y, naturalmente les había aconsejado lo mejor posible en la ocasión: la resignación ante las calamidades inamovibles del presente mediante la esperanza de un bienestar póstumo.

Este programa de vida era un sistema de compensación ideal de los males de la tierra, calculado para dar la capacidad de sobrellevarlos pacientemente, y no la de superarlos poco a poco, que solo podía provenir del acrecentamiento indefinido de la inteligencia humana por el ejercicio, que son el método y el objetivo de la civilización moderna. Por el contrario, empujado por la propia lógica de los suyos, el cristianismo creó nuevas formas de males para agrandar las recompensas del cielo —que es el plan y el objetivo de la vida conventual— instituyendo para los infieles las penas más atroces y para los fieles las torturas morales por los terrores del infierno, y las torturas físicas por el cilicio, las privaciones y las penitencias, prohibiendo la medicina, las diversiones y los anestésicos, porque tendían a disminuir el dolor y la tristeza, que eran tenidas como fuentes de dicha futura.

Lo que había empezado como ensueños de esperanzas, degeneró en pesadilla de horrores futuros, sustentados y acrecentados por una jerarquía de profesionales en las cosas del otro mundo, que llegaron a constituirse en un segundo poder público, que enseguida vino a ser el más fuerte de los dos, para empezar a declinar, a su turno, cuando empezó a elaborarse la civilización moderna, que tiende a suprimir la tristeza, el dolor, la pobreza de espíritu, la miseria, el miedo y el castigo por la educación, la instrucción y la dignificación.

Pues, como dice Renan, «no es del cristianismo que han salido las ideas liberales, sino del espíritu moderno, formado sin duda en parte por el cristianismo, pero libertado del cristianismo. La ortodoxia las maldecía desde luego; después, cuando ha visto que era imposible detener el torrente, que la humanidad seguía su camino, inquietándose poco de dejarla atrás, se ha puesto a correr detrás de su pupila infiel, a hacerse la apurada, a pretender que había querido lo que ha sucedido —y que se le debe mucho reconocimiento por ello».

Pero es justo decir que el programa cristiano de conformidad con los males de la tierra, considerados como castigos del cielo por los pecados de los hombres, solo atenuables por la oración, la penitencia y las peregrinaciones, ha sido superado en su acción enervante de la energía humana, por otra religión igualmente fatalista salida en el siglo VII de la misma cepa judía: «el islamismo, de la palabra Islam, que significa resignación a la voluntad de Dios».

Con la transferencia operada por Constantino, de la protección imperial y de las rentas y bienes del antiguo culto oficial al nuevo, la iglesia llegó a ser un poder político, y como estaba organizada en el plan del pastor y el rebaño, que es decir, en manera más opuesta a la autonomía moral del individuo, la libertad quedó aplastada bajo dos lápidas, y el problema de las instituciones libres para el libre desenvolvimiento de la personalidad, desapareció de la escena en que se trataba solo de «apacentar a las ovejas del Señor», a gusto y beneficio del propietario por sus delegados y representantes, los obispos y los príncipes, solo responsables ante él, y por ende omnipotentes e irresponsables ante la majada humana.

Ellos podían poner la mano sobre todos impunemente; nadie podía ponerla sobre ellos sin quedar condenado *ipso facto*. La libertad individual no había llegado antes a un estado de mayor aniquilamiento doctrinario, pues era entendido que todo mal provenía de la perversidad del diablo o de la ira de Dios, todo bien de su gracia y toda autoridad de su voluntad, trasmitida por ordenación en la jerarquía eclesiástica y por herencia y unción o por usurpación y consagración en el orden político, ejerciéndose por delegación descendente.

Este era el orden de cosas consuetudinario cuando reaparecieron en la Europa cristiana traídas por los ex-prisioneros de las cruzadas, las ciencias y las artes griegas, que fueron un poderoso estimulante de actividad mental, y consiguientemente, de diferenciación del medio ambiente. «La cultura antigua, dice Renan, como los ríos que desaparecen en la arena, tuvo un curso secreto, no traicionando su existencia sino por débiles hilos de agua, hasta que reapareció gloriosamente en el Renacimiento con todas sus virtudes fecundantes. Ella fue la levadura intelectual de las naciones modernas».

En efecto, como el árbol y el fruto en la simiente, los descubrimientos científicos, las máquinas y las invenciones que han elaborado las instituciones libres, la salud, la riqueza y el bienestar, estaban en el camino inaugurado por Euclides, Sócrates, Fidias, Aristóteles y Arquímedes, y no estaban en la senda en que trabajaron Zoroastro, Moisés, Confucio, Buda, Jesús y Mahoma, como que no han sido encontrados por sus respectivos secuaces o fieles, sino, por sus rebeldes, herejes o infieles a medias o a enteras, que, apartándose de esta vía, se echaron a andar por aquella.

La vida de las sociedades humanas depende de la producción y la distribución de la riqueza, y, hasta el advenimiento de las ciencias y de las máquinas en el siglo XVIII, promovidas entrambas por el método experimental descubierto por Bacon en el XVI, la producción de la riqueza, confiada principalmente a los esclavos y a los siervos embrutecidos por el exceso de trabajo y de supersticiones, fue mezquina y precaria, y hasta la consolidación y difusión de los principios políticos ingleses, su distribución estuvo a merced de la avaricia de los poderosos, que, en tiempo de guerra se comían los huevos y la gallina, y en tiempo de paz los huevos y los pollos.

«Como la de todas las civilizaciones antiguas, la causa principal de la caída de Roma, fue la desigual distribución de la riqueza con la resultante esclavitud de la población, dice H. Spencer. En vez de producción de riqueza por medio de la ciencia y la industria hubo anexión de riqueza por guerra y conquista, en monopolio de las clases gobernantes, que por ella se corrompieron».

Las leyes romanas, que daban al acreedor el derecho de vender como esclavo a su deudor, fueron hechas por los acreedores, dice Brooks Adams, y la expoliación capitalista mató al imperio romano. Eran, en efecto, en manos de los usureros, una máquina de arruinar a los más en beneficio de los menos. Y así, cuando la conquista del Egipto, abaratando el trigo en Roma, arruinó a los agricultores que trabajaban a crédito en Italia, fueron estos vendidos con sus tierras, y millones de hombres libres descendieron de este modo a la condición de siervos de la gleba.

En las provincias, los procuradores de los prestamistas romanos al 4 0|0 mensual, y los publicanos o empresarios de contribuciones, eran un flagelo más temible que las pestes y las inundaciones. «Además de la contribución territorial, había una sobre las industrias, que se pagaba cada cinco años. Cuando llega la época de la colación lustral, dice un escritor de entonces, no se oyen en la ciudad más que llantos y lamentos. Los que no pueden pagar reciben palos y maltratos; las madres venden a sus hijos para satisfacer a los colectores. Los contribuyentes eran sometidos a tormento en algunos casos», agrega Seignobos.

El régimen del terror supersticioso por males y peligros imaginarios, en que vivía el hombre en la pura civilización cristiana, y la servidumbre espiritual a los dogmas absurdos y al absolutismo de la iglesia, fue fatal a la libertad y a todos los intereses humanos que estuvieron subordinados a los intereses divinos. «Nadie puede ahora hacerse una idea de lo que fue el estado mental de un hombre en el siglo IX,» dice Huxley. Por más altamente educado que fuese, su vida era un campo de permanente entre santos y demonios por la posesión de su alma. La vida medioeval fue en lo principal tan angustiada por el miedo de los malos espíritus como la de cualesquiera salvaje de nuestro tiempo, dice Robertson en su Short History of Christianity; pues el pueblo había conservado la noción de sus espíritus hostiles, y el diablo cristiano era el Dios de ese reino.

La vida también, era tan breve como apenas pueden concebirla los modernos, tan alta era la mortalidad normal, tan frecuentes las pestilencias, tan poco entendidas las enfermedades; y la cercanía de la muerte hacía a los hombres atolondrados o aterrorizados. Donde la ignorancia y el temor van unidos, es el reino de la superstición. La religión consistía de ordinario en un empleo perfectamente supersticioso de los sacramentos del bautismo y la eucaristía; un temor constante de la actividad del diablo; un uso singularmente mecánico de los formularios; una intensa ansiedad de poseer o de beneficiarse por las reliquias, cuya fácil manufactura debe haber enriquecido a muchos; un temor crónico de la brujería; y una concepción tan literal del purgatorio y del infierno, que su universal fracaso en enmendar o controlar la conducta es una revelación de la inconsecuencia de la moralidad media. Es a menudo difícil distinguir en la religión medioeval entre la sugestión devota y la criminal. En la vida del italiano S. Romualdo (siglo X) se dice que cuando insistió en dejar su retiro en Cataluña, donde había ganado una reputación de santidad, los catalanes proyectaron matarlo para poseer sus reliquias. El mismo, por su parte, apaleó a su padre casi hasta matarlo para hacerlo consentir en su profesión de vida religiosa. Tales ideas morales desarrollaron en los siglos 13, 14 y 15 los movimientos crónicos de los Flagelantes a cuyas salvajes auto-torturas públicas no pudieron poner coto ni la Iglesia ni el Estado mientras duró la manía».

Las profesiones instruidas, que en la civilización moderna ascienden a 57, según el cómputo de Hubbard, solo llegaban a tres en la civilización cristiana: predicador, abogado y médico. Aún en el siglo XVII, las materias que se enseñaban en los seminarios a los confesores de los reyes y directores de la sociedad eran: Teología Moral, Liturgia o Ritos y Disciplina Eclesiástica. «Lo que se llamaba el conocimiento enciclopédico en las escuelas, dice Robertson, consistía en las reglas de la gramática latina, dialéctica o lógica elemental, retórica, música, aritmética, geometría elemental y alguna astronomía tradicional. Las tres primeras constituían el Trivium, o curso de introducción en las escuelas medioevales; las otras el Quadrivium: juntas «las siete artes liberales».

Las únicas profesiones lucrativas eran: la guerra, reservada a los nobles, y la religión para los segundones de los nobles en los beneficios mayores y para los plebeyos en los menores. El exceso de sacerdotes era tal que las prebendas eclesiásticas —más disputadas y con más artimañas que los empleos políticos en nuestros días— se vendían para cuando ocurriera la vacante y hasta en 2.ª, 3.ª o 4.ª andana.

No combatiendo la inicua distribución de la riqueza sino su producción misma, el cristianismo fue un grande error económico, político y moral, aun siendo un grande progreso relativo sobre el paganismo. Por lo pronto, empobreció a las poblaciones cristianas, hasta ponerlas en la imposibilidad de resistir a la invasión de los árabes. Aniquilando por la resignación el deseo de mejorar, desalentó el esfuerzo, acrecentando la indigencia por la esterilidad, la inactividad y el misticismo, desde luego, y por la avaricia insaciable de las iglesias después.

Porque todo se arreglaba por dinero y sumisiones en Roma, residencia del poder absoluto para atar y desatar, para vender el perdón y la indulgencia divinas, y no eran el crimen o el vicio, expiables por el arrepentimiento, los que tenían que pagar el más alto rescate.

Las matanzas de judíos —creadores y víctimas perpetuas del odio religioso— hoy excepcionalmente perpetradas por las masas fanáticas, lo eran, entonces, por los gobiernos, con el aplauso de los pueblos y las bendiciones de los papas.

Es que la barbarie no había sido suprimida por el cristianismo, sino trasladada desde el campo de la lucha por los bienes reales al campo de la lucha por los bienes ideales, perdiéndose en estética lo que se ganó en ética, en mentalidad y en virilidad lo que se ganó en castidad y en mansedumbre.

Consiguientemente, los sentimientos se distendieron y las costumbres se suavizaron por un lado, para contraerse y endurecerse respectivamente, por el otro, hasta que la ciencia moderna, entibiando las esperanzas y los terrores medioevales, desarmó los odios religiosos por la tolerancia y levantó, por la industria y la escuela, en frente de las clases privilegiadas por el nacimiento o la ordenación, las clases privilegiadas por el talento, el saber y la energía, que están transformando al mundo con una rapidez sin igual en la historia de la especie humana.

Y después de veinte siglos de sensualismo sobre el ideal de la belleza en la mujer, en el hombre y en el arte, vinieron diez siglos de misticismo sobre el ideal de la santidad en las personas y en las cosas; a las luchas por predominio sucedieron las luchas por los credos, tan devastadoras y sanguinarias éstas como aquéllas; la disputa por las reliquias reemplazó a la disputa por las hembras, y la guerra de Troya por la posesión de Elena, tuvo su contra parte en las cruzadas por la posesión del Santo Sepulcro, que costaron nueve millones de vidas entre cristianos y musulmanes.

Porque había un artículo más valioso que el oro y las perlas y las piedras preciosas y la belleza femenina. Para robar huesos de santos y demás reliquias, los monjes de la Edad Media se preparaban con tres días de ayunos y oraciones, como los bandidos calabreses y los rateros napolitanos, que se encomiendan a la Madonna para asegurar su concurso antes de dar el golpe. La mentira, la felonía, la traición, la estafa, todo les parecía lícito para lograr la posesión de estos talismanes milagrosos.

Hoy mismo, de los países de Europa, son la España, la Turquía y la Rusia, los que pagan la contribución más grande a los poderes sobrenaturales, para evitar las calamidades naturales, y a la vez los más castigados por ellas y por las humanas de yapa, inclusive por esas que son una vergüenza para todo país civilizado, porque provienen del desaseo y la ignorancia: la mortalidad infantil y el hambre; «azotes de Dios» que la ciencia humana ha reducido y suprimido respectivamente.

Por lo demás, la crueldad humana había cambiado de objetivos y de formas, casi sin merma apreciable. Los mismos hospitales eran, por la suciedad, lugares de tormento y pudrideros humanos, como los presidios y los in pace. Las leyes y las costumbres eran igualmente bárbaras, pero en otro sentido. Infinidad de acciones u omisiones, antes y después lícitas, eran penadas entonces con la pérdida de la vida, la libertad, los ojos, la lengua, las manos o los bienes.

«Con respecto a la crueldad la evidencia sobreabunda, dice también Robertson. En Nuremberg se ha conservado una colección de instrumentos de tortura, empleados hasta la Reforma. Es un arsenal de horror. Tales máquinas de atrocidad fueron el expediente punitivo normal en un mundo en que los sacerdotes enseñaban la crueldad por el ejemplo. Ellos presidían o asistían cuando los herejes eran atormentados o quemados vivos; y toda su concepción de la moral estaba encaminada a tales métodos. Considerando al loco como poseído del demonio, enseñaban que debía ser duramente castigado y huido el leproso como castigado por Dios».

En la Edad Media dos poderes mancomunados, el civil y el eclesiástico hacían el trasiego de la riqueza producida por los gobernados a los gobernantes; los diezmos y primicias eran de institución divina y el derecho al trabajo era definido por los jurisconsultos como «un derecho real que el príncipe puede vender y que los súbditos deben comprar».

Tres insaciables vampiros enflaquecían al productor maniatado por la ignorancia, la tradición y los reglamentos: el fisco, la iglesia y el bandolerismo —que era el oficio de los nobles, contra los cuales era impotente la justicia—, que solo existía como fuente de recursos, por vía de extorsión, hasta el punto de que se prefiriese apelar al duelo como un medio menos oneroso para dirimir las contiendas de intereses, dice Hanotaux. El habitante no podía alejarse 12 leguas de su residencia sin correr peligro de muerte, dice Seignobos, y como en el continente los bienes del clero y los de la nobleza estaban libres de impuestos, al finalizar la época moderna, la sociedad europea era la explotación más inicua del estado llano por las clases privilegiadas. Según el viajero inglés Young, al estallar la Gran Revolución, el siervo estaba en la condición de bestia de labranza, trabajando de Sol a Sol para los ociosos, y alimentándose de raíces en los malos tiempos.

Especialmente la iglesia, absorbiendo y acaparando constantemente los bienes positivos para producir bienes imaginarios, con la explotación del milagro y de los sacramentos sobre las almas por ella misma aterrorizadas, rebajando la inteligencia a la pasividad del absurdo obligatorio, que «en mano del clero el lenguaje y el arte de escribir se habían convertido en medios de matar el sentido común», como dice Robertson, enflaqueciendo la voluntad subalternizada a la de los santos y los demonios que hacían la suerte favorable o adversa; la Iglesia ingerida en todos los actos de la vida para manejar y usufructuar a las personas como intermediario exclusivo entre la impotencia de los vivos y la omnipotencia de los muertos, era un poder asfixiante de la sociedad civil.

Aliviada la situación en Inglaterra, Alemania y Holanda, por la Reforma, que secularizó los bienes eclesiásticos y suprimió la deprimente confesión auricular y el dispendioso culto de las reliquias, y agravada en Francia por las Dragonadas y la expulsión de los hugonotes, que exportó para aquellos países, con los industriales, las industrias francesas, este país, que había alcanzado en l'élite qui fait la foule, un más alto nivel de cultura, y no tenía, como la España, un continente colonial para ordeñarlo en beneficio de la metrópoli, vino a ser el paraje en que hicieron crisis las iniquidades de la civilización cristiana, agotando los límites de la dignidad humana agrandada y de la paciencia achicada por los filósofos del siglo XVIII.

La seguridad de vida y bienes y la libertad de pensamiento y de acción, que son la materia de las ciencias políticas, asuntos completamente extraños a la teología y bases esenciales de la prosperidad de los pueblos, solo podían provenir de aquellos principios políticos que germinaban en la Gran Bretaña cuando César conquistaba las Galias, y que en su natural desenvolvimiento han llegado a crear el gobierno del pueblo por sus propios representantes, contra el principio cristiano del gobierno de los hombres por los delegados y representantes de Dios, que fue regla en la Edad Media y en la primera parte de la época moderna.

«En el siglo XVII, dice Seignobos, la sociedad europea tenía bases análogas en todas las naciones: la autoridad absoluta del Estado y de la Iglesia. El poder del soberano emana de Dios y no tiene límite... No era posible publicar libros sin el consentimiento del gobierno, y los habitantes podían ser presos indefinidamente. No existía, pues, garantía de ningún género, ni libertad individual; este régimen es lo que se llama despotismo. No se admitía más que una iglesia, en cada país, y los habitantes estaban obligados a practicar el culto del Estado. Este y la Iglesia se ayudaban mutuamente, los gobiernos, persiguiendo a los herejes y obligándolos a someterse al clero, y el clero imponiendo la obediencia al rey como un deber religioso.»

Esto era el «antiguo régimen», que en Inglaterra, emancipada del centralismo romano y papal, sin necesidad de ejército para su defensa exterior y sin los peligros que entraña para la libertad, como dice Fiske —existía ya muy atenuado, que por entonces lo fue aún más con la revolución de 1688, el bill de derechos y el de la tolerancia, y que en la actualidad solo subsiste en el orden espiritual, porque el hombre es, naturalmente, más progresivo en lo que concierne al estómago, que en lo que concierne a la cabeza, porque los apetitos de orden inferior no pueden ser satisfechos con alimentos ficticios como los de orden superior; porque la libertad de pensar es inoficiosa para los que no saben pensar, y es odiosa a los que están inhabilitados para disfrutarla por una opción paternal previa que la excluye o la hace innecesaria, hasta el punto de que todo creyente, budista, católico, ortodoxo, brahmanista, protestante o mahometano se sienta contento y feliz de las creencias a que está aclimatado, y que por esto supone son las mejores, y como la fuerza de toda creencia tradicional descansa sobre el argumento hotentote: «lo creyeron nuestros padres», aumenta o disminuye, por lo tanto, con el número de los adherentes, que sienten una valorización de sus creencias en la aceptación que de ellas hagan los otros y una desvalorización en el repudio.

Y mientras no hay en Inglaterra memoria de violencia contra la libertad en el orden de los bienes, existen todavía violencias a la libertad en el orden de las ideas: enseñanza obligatoria de creencias absurdas a los niños en la escuela pública, viven aún personas que han padecido condenas de los tribunales por delitos mentales, como el de herejía, por ejemplo, abolido recién en 1865, y está fresco aún el caso de Bradlangh, dos veces excluido del parlamento por negarse a prestar el juramento religioso, finalmente abolido también.

Puede decirse, por lo tanto, que el «nuevo régimen» ha existido parcial y progresivamente en Inglaterra desde los tiempos históricos, con el espíritu germano de independencia individualista que ha elaborado las instituciones libres, sorteando los formidables escollos del absolutismo cristiano, por ese espíritu de transacción que entra por mitad en la composición de la sensatez humana y ni por un ápice en aquél, y gracias al cual ha podido surgir la más amplia libertad política en la monarquía hereditaria, mediante esa ingeniosa combinación por la que, si la sabiduría divina del rey se equivoca, los ministros pagan el pato.

Que le ha permitido, finalmente suprimir la rebelión por el meeting y las revoluciones por el gobierno de la oposición triunfante en los comicios, gracias también a esa otra doctrina de compromiso entre la democracia y la monarquía, según la cual el rey reina, pero gobierna el parlamento por el ministerio responsable, a la inversa del continente, donde el sistema inglés se estrelló con las doctrinas regalistas de los doctores de la Iglesia, de Bossuet y de Fenelón, que hacían de la abnegación una virtud denigrante en los jefes de estado por institución divina, falso concepto que indujo siempre a los caudillos latinos al absolutismo, en Europa y en América y que Carlos X expresaba en esta fórmula que lo llevó a perder la corona en la revolución de 1830: «prefiero ser aserrador a reinar en las condiciones del rey de Inglaterra».

En el continente, por el contrario, prevaleció el absolutismo congénito del derecho divino sustentado por la Iglesia, y como, por la plasticidad del espíritu humano, todo régimen es un vivero de modalidades personales, una escuela de hábitos de pensamiento, de sentimiento y de acción, al finalizar los tiempos modernos estaban consolidadas por el tiempo las tendencias mentales de las poblaciones que se designan con el nombre de raza latina, y que explican su ineptitud para moverse dentro de las instituciones liberales, procedentes de la ordenación opuesta, que radica en el pueblo mismo la fuente del poder, con delegación ascendente.

«La gran característica del sistema constitucional inglés —el principio de su crecimiento, el secreto de su construcción— dice Stubbs, es el desarrollo continuado de las instituciones representativas desde el primer estado elemental, en que son empleados para propósitos locales y en la más simple forma, hasta aquel en que el parlamento aparece como la concentración de toda la maquinaria local y provincial, el depositario de los poderes de los tres estados del reino».

En la Francia del siglo XVIII fue una calamidad aguda y pasajera, porque todo volvió a reacomodarse al centralismo tradicional; pero en la América latina, donde el cambio de régimen tuvo lugar también exabrupto, la ineducación política para el self government asumió las proporciones de calamidad continental crónica, porque la desconcordancia entre la constitución escrita y las costumbres existentes, entre el carácter fundamentalmente flaco de iniciativa, arbitrario y autoritario del habitante, irrespetuoso de la libertad ajena por estar educado en el régimen católico dinástico de la imposición y la sumisión forzadas, y el carácter esencialmente democrático de las nuevas formas políticas traídas de Norteamérica, que dejaban al descubierto toda esa incapacidad de conducirse que el régimen paternal acrecienta por el desuso en el rebaño y encubre por el exceso de gobierno, obligó a suplementar los poderes limitados del nuevo régimen con los ilimitados del antiguo, hasta convertir a los nuevos estados libres en simples despotismos democráticos, como lo fueron las repúblicas italianas de la Edad Media.

El antecedente de esta incapacidad para el self government y el de la barbarie, la ferocidad, la crueldad y el terror consecutivos estaban en la madre patria, donde el espíritu humano estuvo por más largo tiempo y más diametralmente alejado del sentimiento de la moral humana y de la idea de las instituciones libres, por el «deber sagrado de sumisión pasiva al altar y al trono» creado y encarnado por el catolicismo, y Robertson, en el lugar citado, los describe así:

«El principal efecto de la inquisición se ve en España, donde el período sarraceno había sido de grandes fuentes de nuevo pensamiento y conocimientos. Cuando fue permanentemente introducida en 1236, fue recibida por una gran parte de la población con temor y disgusto, y el primer gran inquisidor fue asesinado en Aragón. Es un error suponer que había algo en el carácter español, especialmente favorable a sus métodos. La ortodoxia española es un producto manufacturado y representa el triunfo, bajo circunstancias especiales, del elemento fanático que pertenece a todas las naciones».

«Se calcula que en treinta y seis años, 200.000 vidas fueron destruidas por la inquisición española. Sus métodos fueron la negación de todo principio de justicia. Todo testimonio, incluyendo el de los criminales, niños y aun idiotas, era válido contra la persona acusada, mientras solo era oído en su favor el de los insospechables; todos los procedimientos eran estrictamente secretos; los falsos informes eran rara vez castigados, y el principio general era que todo acusado debía ser de alguna manera culpable, siendo la inquisición, como el papa, infalible. La cámara de torturas difícilmente podía fallar en suministrar las pruebas que se querían. Ningún reinado semejante de terror y horror ha ocurrido en ningún otro período de la historia de Europa; y solamente en las prácticas de los buscadores de brujas entre los salvajes puede encontrar paralelo su atrocidad sistemática.»

«Después del fracaso de la Invencible Armada contra Inglaterra, los inquisidores decidieron que la causa de la ira divina era su indebida tolerancia de la herejía, y un millón de moros reacios fueron miserablemente arrojados de la España, como lo habían sido un siglo antes 160.000 judíos. En un solo auto de fe, en Salamanca, fueron quemados 6.000 volúmenes.»

«Como toda civilización subsiste por el juego de la variación intelectual, la España fue entonces despojada de una gran parte de sus recursos mentales y materiales; y a la larga el continuado trabajo de la inquisición consolidó la detención de su brillante literatura por siglos, manteniéndola desprovista de ciencia mientras el resto de la Europa la estaba acumulando. Introduciendo la inquisición la Iglesia había destruido la civilización específica de la Francia meridional; y de allí adelante aplicando la máquina a la civilización de España la redujo a la inanición.»

«La ganancia neta por el protestantismo consiste en la disrrupción de la tiranía espiritual centralizada. Las grietas en la estructura dieron espacio para el aire y la luz, en un tiempo en que nuevas corrientes empezaban a soplar y nueva luz a brillar. Veinte años antes del cisma de Lutero, Colón había descubierto el nuevo mundo. Copérnico, muerto en 1543, dejó su enseñanza al mundo en que el protestantismo acababa de establecerse. Al principio del siglo siguiente, Kepler y Galileo empezaron a extender los soñados viejos límites del universo. La era moderna estaba en pleno desarrollo; y con ella el cristianismo empezó la de su declinación.»

«Es evidente que desde mediados del siglo XVII las ciencias físicas por su propio método y carácter minaron la teología. En ellas fue posible la prueba racional y la convicción inteligente, en lugar de la eterna esterilidad del debate teológico sobre proposiciones irracionales. En la segunda mitad del siglo XIX, finalmente la balanza del pensamiento filosófico ha sido abrumadoramente hostil a las creencias cristianas, y es significativo el hecho de que en estos tiempos su defensa se apoya más frecuentemente sobre su utilidad que sobre su verdad». (Es decir, se vuelve al punto de vista de Polibio).

«Se ha dicho con amplia verdad que mientras la Grecia con su disciplina dialéctica, exhortaba a los hombres a concordar recíprocamente sus creencias, y la Iglesia cristiana les manda conformarlas a sus dogmas, el espíritu moderno requiere que se acomoden a los hechos. Tal espíritu promovió primero, y fue después inmensamente promovido por el estudio de las ciencias naturales.»

Hablando siempre grosso modo, podríamos decir que la Grecia creó, con las bellas letras y las bellas artes, la levadura del progreso material e intelectual. Roma el derecho civil; la Palestina el misticismo y la teología sobre la doctrina de la caída del hombre en el Paraíso por la pérdida de la inocencia, que coloca el estado de perfección en el comienzo de la especie, y que es exactamente el reverso de la teoría moderna de la evolución o del progreso incesante y continuo, y que la Inglaterra ha creado, por otras vías y en el mismo transcurso del tiempo, las instituciones representativas, de que disfrutan en la actualidad todos los pueblos civilizados, en la medida de su capacidad para las necesidades y las tendencias del tiempo, como diría Emerson.

La verdad, que era buscada por adivinación en la antigüedad grecorromana, y por inspiración o revelación en la antigüedad judía y cristiana, es buscada por la observación en la Edad Media.

La libertad y la ciencia, las dos palancas de la civilización liberal, que por su incompatibilidad con la teoría cristiana del mundo han tardado seis siglos en constituirse, que en solo treinta años han levantado a la categoría de gran potencia al Japón, donde fueron precedidas por lo otro en 300 años sin fruto, fuera del natural rosario de mártires, y que en otros treinta o cuarenta levantarán a la China, la libertad y la ciencia provienen de la inteligencia humana que se ha ejercitado en los terrenos vedados por las religiones, del pensamiento que ha brotado contra las prohibiciones de la Iglesia, hasta desarmarla y civilizarla un poco a ella también, obligada hoy bajo la ley común a buscar por la seducción lo que antes obtenía por la tortura.

Y desde que el espíritu humano empezó en Europa a desbordar el dogma, lecho de Procusto en que lo mantenían las iglesias cristianas, todas las instituciones medioevales, políticas, económicas y sociales estuvieron condenadas a desaparecer o a transformarse en sentido democrático, según el rumbo de las concepciones filosóficas y la seducción permanente de aquellas primeras y gloriosas repúblicas de la antigüedad, que alumbraron los destinos de la especie humana con tan refulgentes resplandores de pensamiento, de belleza, de gracia y de libre energía creadora.

Pero la evolución fue felizmente anticipada por la obra larga, paciente y perseverante del pueblo inglés, que a fines del siglo XVII había logrado ya forjar todos los resortes políticos necesarios para dar al organismo gubernamental la consistencia, la suavidad, la fuerza, la elasticidad y la capacidad de superar dificultades, que faltaron en las democracias griegas, en la república romana y en los imperios medioevales.

Aun antes de estallar en Francia, al influjo de las ideas políticas inglesas, el gran sacudimiento que derribó al inmutable derecho divino para levantar en su lugar la soberanía del pueblo sobre «los derechos del hombre», estaba ya construida y en operación «la obra más admirable que haya sido creada en una hora determinada por el genio y la voluntad del hombre», según la frase de Gladstone, la constitución norteamericana, por cuyo medio se ha improvisado en un siglo la más libre, la más grande, próspera y feliz nación del mundo, porque «la república americana ha comprendido, dice Renan, que la educación intelectual y moral va por 3|4 y más aún, en la formación del hombre, y que trabajar en la instrucción y en la educación de los ciudadanos, es crear valores a la patria».

Evolución intelectual de las sociedades[3]

Sumario: la barbarie. Cómo se realiza el progreso. Las
civilizaciones antiguas. Las civilizaciones medioevales.
La civilización moderna. Evolución de la moral

Cuando la expedición al desierto las barrió definitivamente
por la superioridad del rémington sobre la lanza —en 1879,
el mismo año en que Edison descubría la luz eléctrica por in-
candescencia en el vacío—, las tribus de pastores seminóma-
das que poblaban la Pampa como ocupantes de territorios
en común no conocían el derecho de propiedad individual
sobre la tierra, pero sí sobre la choza y los enseres domésticos. Cada tribu tenía un jefe: el cacique y varios hechiceros
para expulsar del cuerpo de los enfermos a los malos espíritus; cada grupo de hombres de lanza un capitanejo, éstos y
aquél vitalicios y electivos en razón del prestigio adquirido.
Su alimento predilecto era la carne de caballo, y en más de
tres siglos de contacto no siempre hostil, con los poblado-
res europeos circunstantes, solo habían asimilado de ellos el
caballo, la vaca, la oveja, la lanza y el cuchillo. Aunque había mediado un considerable cruzamiento con los cautivos
de origen europeo, los prisioneros que fueron incorporados
al ejército como soldados tardaban en aprender la instrucción del recluta doble tiempo que los más rudos campesinos,
atrasados éstos de diez siglos y aquéllos de veinte en la evolución mental que culmina en el Mago de Menlo Pak.
Todavía más primitiva es la situación de las tribus del
Chaco, que subsisten de la caza, la pesca y los frutos silves-

---

3   A propósito del congreso católico, 1907.

tres, con dioses rudimentarios, pero sin ganados, porque el mal de cadera no ha permitido la aclimatación del caballo.

En la época de César, y según sus referencias, la Inglaterra estaba poblada por tribus pastoras, que vivían principalmente de leche, queso y carne, de expediciones predatorias sobre sus vecinos, emprendidas por guerreros voluntarios bajo la dirección de jefes accidentales, por aquéllos elegidos o aceptados, y considerando como su mayor gloria la amplitud del desierto intermediario con las otras tribus que les garantía contra ataques repentinos.

Es decir, que los indígenas del Chaco se encuentran hoy, aproximadamente, en la misma situación en que se encontraron los de la Gran Bretaña y los de la Antigua Grecia 2.000 y 4.000 años atrás, respectivamente.

El proceso de evolución cerebral que asciende en los vertebrados desde el pez sin las células de la memoria, y para el que todo es imprevisto aunque ocurra por la milésima vez, hasta el hombre con las células del raciocinio, se prolonga en el segundo desde el salvaje primitivo, con inteligencia rudimentaria, hasta el inventor, el filósofo, el artista y el astrónomo de nuestros días, que puede predecir para millares de años los inofensivos eclipses que aterrorizaban a nuestros ignorantes antepasados.

La continuidad del trabajo cerebral en unas mismas sencillas operaciones, lo hace rutinario, automático, casi instintivo. Si ningún cambio interviene por las complicaciones ulteriores de la existencia para extender el campo de las operaciones mentales, éstas continúan en el mismo grado de actividad o de inacción en las generaciones sucesivas, por los siglos de los siglos, con la cooperación reducida al estado rudimentario de la crianza de los hijos y la procuración de alimentos sobre la producción espontánea del suelo, apenas más desenvuelta en lo segundo que las de los rebaños de ganado o las bandadas de pájaros sociables. Tal es el caso de los indios del Chaco que aun andan en cueros.

Las células del pensamiento tienen, sin duda, más trascendencia, pero están sometidas a las mismas leyes de crecimiento que las de la locomoción o de la digestión. La extensión de su desarrollo, depende también, de la del campo, del tiempo y del grado de ejercitación en el individuo y en la familia o el grupo, correspondiendo muy probablemente, una variedad particular de células a cada variedad particular de aptitudes y pudiendo algunas suplirse recíprocamente.

La ejercitación de las células psíquicas de la corteza cerebral en las generaciones sucesivas, produce un aumento subjetivo del número y un ensanche del manto que las contiene, por medio de repliegues o circunvoluciones, generalmente transmisibles en germen de posibilidades a la descendencia, y un ensanche objetivo en las construcciones, los instrumentos, los métodos, las ideas, las leyes y las costumbres, que constituyen el medio ambiente y punto de partida, igual o diferente, en que se desenvuelven los individuos y las generaciones posteriores, forma en que la inteligencia humana es exportable y en gran parte accesible a los ignorantes y a los pobres de espíritu, siendo, además la propiedad colectiva de las ideas el paliativo principal de la propiedad individual de las cosas.

El progreso, que vale para todos, pues los mismos que excomulgan o maldicen a la ciencia que lo ha producido, se aprovechan de sus resultados, disfrutando, desde luego, su parte de los quince años en que ha alargado la duración media de la vida, el progreso, por lo tanto, depende de las posibilidades mentales transmitidas y del ambiente que las desenvuelve, pues, la aptitud heredada sin la ocasión para manifestarse, es como si no existiera, y la ocasión tampoco puede despertar aptitudes que no existen. Sin incentivos, sin alicientes, la capacidad de inventar no pasará de la condición pasiva a la condición activa, del estado latente al estado patente, o pasará solo en el género y en la medida en que los haya. Es por esto que han preparado la arquitectura y la credulidad, y no se han desarrollado la música, la escultura, la pintura y el espíritu crítico entre los musulmanes; es por esto que la capacidad de inventar se ha desenvuelto entre los cristianos en todos los órdenes de las necesidades presentes, desde que la filosofía moderna rompió las barreras eclesiásticas que la tenían confinada en el orden de las necesidades futuras. Carlos Aldao ha dicho que «los de origen español no hemos inventado un clavo para aumentar el bienestar del hombre». Pero no fue porque nos faltaran aptitudes sino porque las teníamos ocupadas en sacar ánimas del purgatorio.

Porque el desenvolvimiento de las aptitudes individuales depende de las oportunidades generales y éstas dependen uniformemente de las condiciones comunes de la vida y particularmente de las instituciones sociales que, siendo diferentes en especie o en grado, de una nación a otra, despiertan principalmente un orden particular de aptitudes, o de inclinaciones que la caracterizan. Y lo que llamamos «el genio de un pueblo», es el conjunto de las aptitudes suscitadas preferentemente por los ideales en él predominantes. Alentadas las que concuerdan con ellos, desalentadas las que difieren, y prolongado en las generaciones sucesivas este doble proceso de selección y de exclusión combinadas, se llega a la uniformidad de los móviles de la conducta sobre las pautas establecidas, y del mismo modo que en los ganados, sacrificando a los que no salen del color preferido, se consigue uniformar en este a todo el rebaño, así, quedando sin aplicación las aptitudes que no tienen oportunidad en las agrupaciones humanas, éstas se uniforman sobre las que la tienen, y el carácter nacional queda determinado por las oportunidades nacionales.

Definiéndolos por sus características, Swift dijo que «el inglés es un animal político y el francés un animal social», y así era en esa época en que los poderes políticos estaban universalmente insumidos en los militares, y solo en Inglaterra las instituciones comunales y la vida parlamentaria habían preservado la oportunidad política, que suscita las aptitudes políticas, al lado de la oportunidad religiosa, que había desalojado a las de la civilización grecorromana, de tal modo que la energía mental, encauzada en esos dos canales, solo produjo caudillos y santos, castillos y conventos, la literatura caballeresca y eclesiástica. Y no existiendo la vida política en Francia, no había más posibilidades de aplicación para las aptitudes personales que la guerra, la devoción y la galantería, por lo que, a ellos como a nosotros, a la caída del viejo régimen, les faltaron las aptitudes para el nuevo, que no eran improvisables, porque se necesitan años, por lo menos, para deshacer o rehacer en el espíritu la obra de los siglos.

Viceversa, creando nuevas oportunidades para el pensamiento y la acción, se despiertan nuevas aptitudes, y la serie correspondiente de capacidades sin aplicación, encontrando abierta su vía, entra en actividad. Es lo que ha hecho la civilización liberal, aumentando progresivamente las profesiones instruidas, que eran solo tres en la civilización cristiana: predicador, abogado y médico, y que hoy llegan a cincuenta y siete, según el cómputo de Hubbard.

Pero el caso más gracioso es el del Japón, al que los misioneros europeos trataban de convertir al cristianismo, pretendiendo que de él procedía la superioridad de las naciones occidentales, y que, en vez de eso, se convirtió él solo, en cuarenta años al liberalismo, declinando el ofrecimiento

gratuito de las ciencias sagradas y de los instrumentos mágicos del Occidente, las biblias, los catecismos y las vidas de
santos, las imágenes, las reliquias y los escapularios milagrosos para llevarse, en lugar de ellos, las ciencias profanas y
los instrumentos mecánicos, y sobre la higiene y la despreo-
cupación de la muerte, que ya tenía, implantó las escuelas,
los laboratorios, los ferrocarriles, los vapores, los correos
y telégrafos, compró acorazados, fabricó sabios, pólvora,
cañones y fusiles a la europea, y derrotó a la santa Rusia por
agua y por tierra, con milagros y todo.

Ni objetiva ni subjetivamente puede haber mejoramiento
sin cambio del estado precedente. Y, en efecto, la circunstancia que más ha contribuido al adelanto de las sociedades
antiguas, es la misma que determina en primer término el
progreso de las modernas: lo que John M. Robertson, com-
pletando el concepto de Buckle, llama «la variación intelectual».

Los dos focos de la civilización americana, originados por
la fertilidad del suelo en las dos regiones tropicales, con dos
cosechas por año, aunque habían alcanzado a elaborar algunas construcciones permanentes, en templos, por supuesto,
y a cierto desarrollo político y social, no habían llegado a
ponerse en contacto, ni a difundirse mayormente, hasta la
época del descubrimiento, por la falta del caballo, del buey,
del elefante y del camello, que tanto contribuyeron en el
viejo mundo a facilitar la circulación de los productos y de
las ideas, y las invasiones que desempeñaron para la inteligencia humana el oficio destructor y fecundante a la vez, de
las tormentas atmosféricas sobre el suelo.

Hallándose lejos y aisladas de todas las corrientes de la
civilización antigua, y hasta que fueron puestas en contacto
con ellas por la conquista romana, no entraron en la vía
del progreso las poblaciones autóctonas de la Gran Bretaña,

y hallándose las tribus helénicas en contacto con los egipcios y fenicios, y al mismo tiempo en aislamiento relativo por el Mediterráneo, que les permitía importar su cultura para implantarla y cultivarla en el propio suelo, bajo las propias instituciones políticas, tan semejantes a las teutónicas, en opinión de Freeman, como si procedieran de un origen común; en una situación excepcionalmente ventajosa para defenderse de los extraños y apropiarse sus adelantos, los griegos espigaron en los dominios ajenos, seleccionando los materiales existentes, para formar una nueva cultura superior a todas las concurrentes, que sus proscriptos, sus mercaderes y sus colonos llevaron al Archipiélago, a Italia, a Cartago y a Marsella, al Epiro y a la Macedonia, y los soldados de Alejandro al Asia y al Egipto.

Empezando con una organización política, social y militar que superaba en mucho a las ventajas de la situación geográfica de la Grecia, y beneficiados con sus progresos intelectuales, los romanos la subyugaron porque les había cedido su superioridad sin adquirir la de ellos, y adueñada de las más altas conquistas del entendimiento humano, Roma conquista enseguida todos los países circundantes, y se queda señora del mundo antiguo, colindando con la plena barbarie en todos los rumbos.

Se ha dicho que «ser el mejor entre los presentes es la manera más segura de empeorar», y, en efecto, el individuo se encuentra entonces en la situación de un cuerpo de elevada temperatura en medio de otros que la tienen baja. Cediéndole calor o cultura, y no recibiendo de ellos sino lo inverso, el enfriamiento o la incultura, no hace más que levantar la ajena, si acaso, y rebajar la propia. Es la conocida influencia del ambiente, particularmente notoria en el individuo de la ciudad que se hace campechano residiendo en el campo, y la del campesino que se urbaniza residiendo en la ciudad, la del maestro de escuela que, dando y no recibiendo instrucción, se embrutece en la noble y fecunda tarea de «desasnar a las gentes», pues, como el domador de bestias a quien algo se le pega siempre de las bestias, como el barrendero que se ensucia limpiando las calles, a fuerza de transmitir saber a los que no lo tienen, suele agotarse hasta quedar «ignorant comme un maître d'école», a menos de reponerse constantemente por el libro, las revistas y los periódicos, que desempeñan en nuestros días el oficio de las vestales antiguas, manteniendo inextinguible la actividad mental, que es el fuego sagrado de la civilización liberal.

La cultura moral depende, también, del ejercicio de la generosidad, el amor, la simpatía, la benevolencia, la ecuanimidad, la dulzura, la consideración para los padecimientos de los otros; que hacen el cultivo de las células o de las conexiones correspondientes en los órganos respectivos, y en la propagación del Evangelio por el sable, sin lástima para los sufrimientos de los herejes, los españoles la perdieron también para los de los fieles, y así nació la famosa crueldad, que conocieron y aprendieron los Países Bajos, la Italia y la América en ocasión de la conquista, la colonización y la emancipación. El trato de la ruda, y grosera tropa de antaño, en la vida de frontera y en la guerra contra los salvajes, rebajaba visiblemente la cultura de los oficiales, es del negro trato de los negros que proceden las peores grietas o depresiones morales de los norteamericanos, y ninguna profesión, ni la de carnicero, ha llegado nunca a degradar tan monstruosamente el carácter humano, como el Santo Oficio de la Inquisición.

Es que las agrupaciones humanas sacan su cultura del comercio intelectual, como los individuos educándose recíprocamente, y así cuando los romanos no tuvieron de dónde sacar o de quién adquirir nuevos instrumentos de cultura, teniendo de sobra en quienes degradar la propia, con los sesenta millones de bárbaros, incorporados a la sociedad romana como esclavos, y que, por lo pronto, redujeron a la mayoría de los hombres libres a la miserable condición de siervos o de clientes de los ricos, gobernando a los peores que ellos rebajaron su capacidad de gobernarse, en las circunstancias mismas en que una variación intelectual, de origen interno, empezaba a cambiar la orientación política que subordinaba el individuo al «servicio del Estado», por la ordenación teológica que lo subordinó al «servicio de Dios», sobre el mismo o a un mayor desconocimiento de lo que hoy llamamos los «derechos del hombre», más particularmente acentuado sobre esa vasta provincia de jurisdicción eclesiástica, que ha costado tanta sangre, lágrimas, atraso y miseria, y que, por ello precisamente, nuestra constitución declara «reservada a Dios y exenta de la autoridad de los magistrados».

Con la transferencia operada por Constantino, de la protección oficial y de las rentas y bienes del antiguo culto al nuevo, el cristianismo, cuya más genuina y completa forma es la perfecta esterilidad del misticismo, desaloja al helenismo y al filosofismo, y determina, efectivamente, una nueva actividad intelectual, de carácter especial, inhibitoria de toda otra, como el islamismo, que surge, más tarde, de la misma cepa judía, y también para secar o esterilizar como ésta y aquélla la fuente de que han brotado, a fin de quedar en la situación privilegiada del hijo único del entendimiento, monopolizando todas las facultades y las afecciones, heredero universal de los bienes, los mimos y los honores en la persona de sus tanto más celosos guardianes y adherentes; unicato intelectual que la revelación cristiana conserva hasta los tiempos modernos y la musulmana hasta el presente.

La uniformidad intelectual que estancó la actividad mental de los árabes en el apogeo de su grandeza, por la reducción a un común denominador, resultante de la circunscripción del pensamiento a una revelación inampleable, pesó también sobre los cristianos durante los diez siglos en que estuvieron obligados a la pasividad del creyente forzoso en otra revelación infranqueable, y que se caracterizaron por la más desesperante esterilidad, en todos los terrenos en que ha realizado adelantos portentosos el entendimiento moderno que pasó las fronteras del entendimiento antiguo; no franqueadas aún por los abisinios, los maronitas, los armenios, la inmensa mayoría de los rusos, más de la mitad de los españoles y los tres cuartos de los sudamericanos, todavía encerrados por la credulidad en el redil de la fe, mientras fuera de ella, el espíritu crítico ha logrado ya crear una fuente de renovación intelectual inagotable, cuya superioridad proviene, precisamente, de la circunstancia a que Brunetière atribuía su supuesta bancarrota: de su incapacidad para cerrar en ninguna dirección los horizontes del espíritu humano con una explicación definitiva e infranqueable.

Justamente, el impulso de la variación intelectual introducida por Mahoma, sacó a los árabes de las supersticiones del tiempo de Abraham, en las que estaban enquistados, y los llevó aún más arriba que los mismos cristianos que, en cierta época, tenían que ir a las universidades de Córdoba, Fez y Bagdad, para aprender lo que todavía se ignoraba en las suyas.

Pero, una vez pasados los efectos de la novedad, como decimos hoy, agotado y aquietado el sacudimiento intelectual producido por la nueva doctrina, con la conversión de los infieles a la nueva fe, en la que volvieron a enquistarse, sintiendo, pensando y obrando todos de la misma manera, a impulso de las mismas pasiones y las mismas esperanzas, siendo todos iguales por los componentes del espíritu, aunque diferentes por la condición social, como los diferentes ejemplares de un mismo libro en distinta encuadernación, rústica, media pasta, tela, pasta o cuero, con o sin cantos dorados, el comercio intelectual en el trato mutuo, quedó reducido a la confirmación recíproca de las supersticiones comunes, que así recalentadas se conservan en la tensión de fanatismo indurado, efecto que alcanzan en nuestros días los sacerdotes católicos con las misiones, las cofradías y las hermandades, y los protestantes con sus revivals.

En el fondo, fue una reedición sobre el Corán, de lo que los judíos habían realizado sobre el Talmud y los cristianos sobre la Biblia, crucificando a todos los que se atrevían a mirar el mundo sin las anteojeras confeccionadas por los respectivos profetas, para suprimir la originalidad, que es la fuente de diferenciación que origina el progreso. Y así, cuando Newton, viendo caer una manzana madura, vio en ello un motivo diferente de la voluntad de Dios, «se le acusó, dice White, de haber quitado a Dios la acción directa sobre su obra que le atribuye la Escritura, para transferirla a un mecanismo material y substituir la gravitación a la Providencia.»

Como el Maestro había dicho: «buscad primeramente el amor de Dios y todo lo demás vendrá de yapa» el procedimiento cristiano del progreso consistía en llegar a la ciencia por la vía de la inocencia, haciendo la extirpación del pecado y la absoluta sumisión al Todopoderoso, para que, cesando el trabajo impuesto como pena a la desobediencia del primer hombre, y degradante por ello, el pan viniera del cielo, como el maná, y la sensatez bajara de las nubes, en forma de bendiciones del Altísimo. Con la idea de la redención de los pecados de los hombres por el sacrificio de un Dios, y de la expiación de la maldad por el sufrimiento y la oración, junto con la suposición de que los muertos están en mayores necesidades que los vivos, mereciendo, por lo tanto, más atenciones, la Iglesia buscaba en el cielo todo lo que la inteligencia humana viene encontrando en el suelo, por medio del pensamiento rehabilitado y del trabajo ennoblecido.

Y sobre ese plan, la maestra universal de cultura religiosa para las poblaciones semibárbaras de la Europa, a la caída del imperio romano, cegando todas las fuentes de nuevo pensamiento y los manantiales del antiguo, negándose a aprender nada en la ciega convicción de saberlo todo, confinada en el aislamiento intelectual de su propia doctrina, estancó en el culto de los muertos la cultura europea, y al influjo persistente del remanente de ignorancia y de barbarie correspondiente a la ausencia de las demás formas de cultura que ella misma había impedido, llevando en el pecado la penitencia, llegó a ser el más bárbaro de los poderes de Europa.

Y como la cultura musulmana no se había detenido aún en el choque de estas dos civilizaciones unilaterales, por la disputa del Santo Sepulcro, pudo verse que, en ferocidad y crueldad inútiles, los caudillos cristianos eclipsaron a los mahometanos, como los rusos a los japoneses en nuestros días.

Finalmente, en cuatro o cinco siglos más de suministrar alimento intelectual de una sola especie y sin permitir el cultivo de las otras especies, flagelando por piedad a la impiedad, al sobrevenir las incidencias intestinas de la Reforma, la maestra de cultura que durante diez siglos había enseñado mucho y no aprendido nada, aparece en un grado de barbarie intrínseca, no alcanzado en los tiempos antiguos y que empieza a ser motivo de asombro para las generaciones posteriores, que no pueden ya explicarse o entender a los vicarios del Redentor haciendo quemar vivos a los hombres y a las mujeres más virtuosos, desde Bruno hasta Juana de Arco, y abriendo de antemano y de par en par la *Porta Coelum* a los que se alistasen en las bandas de forajidos devotos para torturar hombres, mujeres y niños cristianos de distintas cofradías *ad maiorem Dei gloriam*.

La caridad y la crueldad, la piedad y la inhumanidad son hermanos gemelos en el Talmud, en la Biblia y en el Corán. La moral cristiana, orientada sobre el servicio de Dios, solo podía mejorar a los hombres de ese lado, empeorándolos necesariamente del otro. Imponiéndoles el amor a Dios, a sus ministros y a sus partidarios y el odio a sus enemigos, era una fuente de bondad y de maldad a la vez, y, naturalmente más eficaz en lo segundo que en lo primero, perfeccionó los métodos y los instrumentos de martirio, creó el purgatorio y el infierno para torturar a los muertos y afligir a los vivos, y derramó a torrentes la sangre judía, la mahometana y la cristiana también, por meras diferencias en la interpretación de los textos o en la práctica de los ritos sagrados. Y el humanismo, que había tenido tan altos exponentes en Epicteto y Marco Aurelio, restringido a los correligionarios, vino a ser substituido por el sectarismo.

Como sus beneficios debían realizarse en el reino de los cielos, el objetivo de la moral cristiana era el mejoramiento de los hombres para la vida futura, y con la sumisión de los reyes, los nobles, los villanos, los siervos y los esclavos, los malvados y los locos, a la ley de Dios y a los mandamientos de la Iglesia, quedaba cumplida su misión sobrenatural aquí abajo.

Y reducida la ciencia cristiana a la explicación de los hechos y de las cosas del mundo, por los textos sagrados y por la voluntad de Dios, ningún progreso era posible a menos de ocurrir un cambio, y ningún cambio era posible a menos de salir de ese callejón espiritual. Los primeros que lo intentaron fueron obligados a volver a la Escritura, como Galileo, o excluidos de la sociedad cristiana, terrible cosa en un principio, porque importaba la pérdida de todos los beneficios sociales, y que se ha vuelto inocua desde que ha llegado a ser más apetecible la sociedad de los excomulgados que la de los comulgados.

De todos modos, una nueva levadura de pensamiento se había incorporado al espíritu humano y el proceso de expansión mental, por ella iniciado tuvo que dirigirse a ensanchar la casa espiritual para alojar en ella a la nueva prole porque, fuera de ella, la vida era imposible. A esta necesidad respondió la secesión del protestantismo, rebelado contra la venta de indulgencias y la tiranía papal, y a la misma responde actualmente el modernismo católico, que encuentra en el Syllabus y en el Index un corset demasiado estrecho para su corpulencia, y que Pío X ha condenado, felizmente, pues, como el protestantismo, valdría solo para retardar la emancipación de los que, no cabiendo ya con su bagaje mental dentro de los credos tradicionales, emigran del estrecho, oscuro y terrorífico hogar materno hacia los vastos, fecundos y luminosos dominios del libre pensamiento, como el ave que, una vez completadas sus alas, deja el nido y se lanza al espacio y al Sol.

Y desde mucho antes de que estuviera construido el racionalismo —la nueva casa espiritual de la humanidad— se había venido diseñando una nueva moral, tendiente a poner las capacidades del hombre «al servicio del hombre», para la vida presente. No al servicio de «Dios y la Patria», como en las monarquías europeas; no al de «Dio e Popolo», como en el programa semirreaccionario de Mazzini, sino «con el objeto de formar una unión más perfecta, establecer la justicia, consolidar la paz doméstica, proveer a la defensa común y asegurar los beneficios de la libertad para todos», como lo expresa por primera vez el preámbulo de la constitución de la libre América, sin invocar la protección de nadie, para no quedarle obligado.

Y al creciente influjo de la moral para este mundo, los deberes del creyente contra los enemigos de Dios empezaron a enfriarse y a ser cada vez más impracticables, cayendo en desuso, progresivamente, la hoguera para quemar brujas y purificar herejes, la cámara de tortura para arrancar confesiones y delaciones, la condenación sin pruebas en los delitos contra Dios, los in pace, las galeras y las lettres de cachet, hasta llegar a la tolerancia impuesta por los poderes humanos a los divinos, y continuar después con la libertad de conciencia, por la supresión de la censura eclesiástica, la secularización de los cementerios, del nacimiento, del matrimonio y de la enseñanza.

El progreso social, indiferente a la moral revelada que se propone el bienestar en el otro mundo por la abstinencia del bienestar en este mundo, es particularmente interesante a la moral humana, que se propone casi exactamente lo contrario, por cuya razón viene haciendo cesar progresivamente las iniquidades que aquélla había consentido o creado: la esclavitud, la servidumbre, los fueros, los diezmos y primicias, los privilegios hereditarios, el despotismo sacerdotal y el derecho divino, y levantando en su lugar el derecho y la justicia humanos que han obligado a los reyes a complementar la fórmula cristiana del poder: «por la gracia de Dios», con la fórmula racionalista: «por la voluntad del pueblo» y a las iglesias cristianas a ensanchar con un poco de ese «bienestar material», que el fundador consideraba incompatible con la «dicha celestial», el viejo programa de «bienestar espiritual», que es por lo menos igual en todas las religiones, desde que proviene de creerse, por la posesión de la verdad, en el camino de la salvación, mientras los demás están por la del error en la vía de la perdición, motivo de que todos los creyentes se sientan impulsados por la piedad a propagar sus propias creencias y a suprimir las ajenas, aunque sea matando, si pueden, a los que las profesan, pues lo propio de las religiones, dice Hubbard, es que «todos las consideran absurdas, salvo el que las cree»; seudo bienestar que por tantos siglos fue igualmente suficiente para cristianos, judíos y musulmanes, y que se torna insuficiente para los primeros en la medida en que el ejercicio creciente de la razón disminuye la credulidad y ensancha la sensatez humana.

Y cuando en el curso de la lucha secular del pueblo inglés para resguardar las personas y los bienes contra los abusos y las usurpaciones de los reyes, se llegó a establecer que «la casa del hombre es sagrada pudiendo entrar en ella el viento y la lluvia pero nunca el rey», empezó a destacarse una nueva inteligencia de las cosas, distinta de la que había creado ese carácter exclusivamente para «la casa de Dios» y para sus ministros y sus bienes, exentos de la jurisdicción y de las cargas comunes; tan distinta que viene precisamente subordinando la casa, los bienes y los ministros del Señor a la ley común, por la supresión de los derechos de asilo, de justicia propia, y de exención de impuestos y de cargas públicas, hasta someter a las mismas personas sagradas al servicio militar obligatorio; la inteligencia de la cosas humanas que, prescindiendo de las cosas divinas, ha hecho la inviolabilidad del domicilio, de la persona y de los bienes para todos los hombres, aunque sean herejes, incrédulos o extranjeros, y transferido las inmunidades personales de los representantes de Dios a los representantes del pueblo; y gracias a la cual «se ha vuelto repugnante a la humanidad el dogma de los castigos eternos que fue predicado por cerca de 2.000 años».

Donde el nuevo factor de capacidad humana y de amortización de las restantes formas de barbarie no pudo surgir o prosperar, no fueron éstas disminuidas por las formas correlativas de cultura, ni aquélla fue acrecentada, y el siglo de la libertad y de las luces, encontró sin ellas a la Rusia, el Austria, la España y la América española, rezagadas en la cultura y en la barbarie específicas de la Edad Media.

Mientras imperaron exclusivamente las civilizaciones cristiana y mahometana en el Mediterráneo, los constructores de iglesias y los constructores de mezquitas se equivalieron en capacidad y en moralidad, y se contrapesaron por espacio de más de ocho siglos en poder militar y naval, pero cuando fueron reencontrados los instrumentos perdidos de la cultura grecorromana, nuevas vías quedaron abiertas por ellos a la intelectualidad europea, que empezó a desviarse paulatinamente del canal teológico en que estaba encauzada, y por el Renacimiento artístico y literario, extendido progresivamente a la astronomía, la alquimia, la filosofía, la política, las matemáticas, la geografía, la historia, la pedagogía, las ciencias naturales y las ciencias sociales, se llegó poco a poco, después de quince siglos de concentración del pensamiento europeo sobre la revelación cristiana, con desperdicio de todas las aptitudes excluidas, a esta polifurcación de la energía mental, que permite el aprovechamiento de todas las capacidades y que llamamos la civilización moderna. Y a medida que al lado de la civilización supernaturalista que descansa sobre el poder de la oración y de las reliquias, nacía y crecía la civilización naturalista que descansa sobre el poder de los métodos y de las máquinas, mientras al mismo tiempo las naciones musulmanas quedaban rezagadas en la pura civilización religiosa, y sin venir a menos, solo por quedarse hoy donde estaban ayer, venían siendo cada vez más impotentes contra la fuerza, la riqueza y la salud crecientes, de sus iguales de antaño, engrandecidas por las maravillosas revelaciones de la ciencia humana que han excedido en realidades a todas las fantasías de los cuentos orientales.

Y con las ideas y las invenciones que aumentan día por día el caudal objetivo de la humanidad; con éstas y con las escuelas que más particularmente aumentan el caudal subjetivo; con la prensa, el telégrafo, el correo, los ferrocarriles y los vapores que facilitan la difusión de entrambos, la diferencia de condiciones entre los que aprovechan y los que repudian su parte de beneficios en las materias de utilidad común, crece en proporción geométrica, a favor de los primeros y en contra de los últimos.

En resumen: en la moral pagana, cuyo fin era la glorificación del Estado bajo la angustia permanente del peligro exterior, el individuo tenía obligaciones en favor del Estado pero no tenía derechos contra el Estado; en la moral cristiana, que tiene por fin la glorificación de Dios, de su hijo y de la madre de éste, el individuo tiene obligaciones para con Dios y sus allegados, pero no tiene derechos contra Dios, ni siquiera contra sus representantes y delegados, pues, como lo dijo San Pablo, ningún descendiente de la arcilla tiene el derecho de quejarse contra el Supremo Alfarero, que fue dueño absoluto de hacer del mismo barro un vaso de honor o un vaso de noche. Y por último, en la moral que ha proclamado los derechos del hombre y que tiene por fin el bienestar de la especie humana, el individuo tiene deberes para el Estado y derechos contra el Estado.

El diablo en América

La Argentina de la época de Rosas y la del presente, son dos países tan distintos como la Turquía y la Francia contemporáneas. Vélez Sársfield, que vivió en la primera, nos la ha esbozado en dos pinceladas: «Un caudillo mayor trae a otros caudillos a su jurisdicción y los cuelga en las plazas públicas. Establece entonces un sistema de tal esclavitud en aquellos pueblos soberanos, que los más altivos gobernadores sirven apenas para verdugos... Se vivía entre pavores, y cuando sonaba un cañonazo en Palermo, los hombres que recorrían las calles de esta ciudad se paraban temblando, como si fueran un peso inútil sobre la tierra».

El miedo fue el secreto resorte de las tiranías; el miedo fue el resultado de las supersticiones religiosas de la Sociedad Colonial, encarrilada en la obediencia habitual por el miedo crónico o consuetudinario a gobernantes de derecho divino, consagrados por el tiempo y por la Iglesia, que cesaron de improviso por la revolución y fueron reemplazados por directores accidentales que se aprovecharon del antiguo espíritu supersticioso. El nuevo poder revolucionario, constituido sobre la inteligencia política indesenvuelta, no resultó equivalente al antiguo y fracasó a poco andar; entonces reapareció la forma consuetudinaria sin el prestigio tradicional, que fue naturalmente substituido por una mayor dosis de terror. El usurpador se vio obligado a suplir la velocidad adquirida del hecho consentido, que es fuerza de una especie (y que falta siempre al hecho nuevo cuando no ha cambiado el ambiente), por una fuerza complementaria equivalente, de otra especie, que en nuestro caso fue designada con el nombre de «facultades extraordinarias». Así el terror crónico, que era bastante para el hecho crónico, se transforma en el terror agudo necesario para el hecho agudo.

Como el terror francés, el terror argentino salió de las circunstancias precedentes, continuándolas en diferente forma y medida. «No se suprime sino lo que se reemplaza»; y cuando se reemplaza con otra cosa de la misma especie, en diferente grado, «plus ça change, plus c'est la même chose».

Fuerza y miedo era el antiguo régimen colonial; más fuerza y más miedo fue fatalmente y de ordinario el régimen restaurado por Rosas. Un nuevo factor, y de otra especie, fue introducido después; digo uno porque solo al influjo de éste han sido posibles los demás, no siendo viables en pueblos ignorantes y retrógrados la inmigración europea, la prensa libre, los ferrocarriles, los telégrafos, etc., etc. Y el más interesante problema de sociología argentina podrá ser planteado en estos términos: ¿por qué éramos todavía semibárbaros en la primera mitad del siglo pasado, después de 1.500 años de cristianismo forzoso, y somos ya algo más que semicivilizados con solo cincuenta años de instrucción casi obligatoria?

* * *

Por supuesto, la civilización consiste en la economía de la vida y de los sufrimientos, y en el acrecentamiento correlativo de las amenidades de la existencia.

Aunque la teología no se propuso civilizar a los hombres para este mundo, (como la filosofía, la pedagogía, la política y la higiene), sino para el otro, los hombres le hubiesen resultado aún involuntariamente civilizados en éste; pero llevaba en sí misma el impedimento o los resortes inmorales, en una trastienda de monstruosidades ancestrales, bastantes para neutralizar y hasta superar en ocasiones a todos sus elementos y sus factores de cultura, aun en sus más altos representantes. Es legítimo suponer que sin la intervención de la filosofía griega y de la ciencia positiva, la pura civilización cristiana se habría mantenido semibárbara y absolutista, como la islámica. Y no es menos seguro que el cristianismo español, tal como fue introducido en América por los conquistadores, contenía más elementos diabólicos que divinos, más miedo que amor, más mal que bien, quitando a los hombres toda confianza en sí mismos y haciéndolos esclavos del terror.

Según las teorías modernas, que la experiencia diaria confirma, el individuo reproduce en compendio la evolución de la especie, de modo que, aun en las naciones civilizadas, todos empezamos la existencia en el estado mental del salvaje adulto, a la vez injusto y vengativo, que siente necesidades, apetitos, deseos y temores, y no conoce deberes ni responsabilidades; nos es naturalmente más fácil y accesible lo que tenga este carácter y no el opuesto toda vez que la ira, el odio, el terror, el alcohol o las lesiones cerebrales nos despojan accidental o permanentemente de la cultura adquirida y superpuesta —con tanta mayor facilidad cuánto más débil o más reciente sea—, quedamos en la pura barbarie inicial, y asoma el salvaje que está siempre latente en el hombre civilizado.

Consiguientemente, lo que toda religión tiene de primitivo es lo que el niño puede entender y asimilarse inmediatamente; eso es lo concordante con su intelecto incipiente o primitivo, y en ello se quedará cuando otros factores no lo eleven a mayores aptitudes.

Viceversa, lo que una religión tenga de elevado y propio del más alto desenvolvimiento del espíritu, no podrá comprenderlo; y le pasará por elevación al niño y al pobre de espíritu, como aconteció en el experimento de los jesuitas, que elaboraron autómatas cristianos en las Misiones.

«Los chinos agasajan de preferencia a los dioses del mal, dice Beauvoir. Su máxima es: no cuidarse de la divinidad buena, puesto que es buena, pero propiciarse la mala que puede dañar». Se comprende bien que los dioses de los pueblos salvajes sean siempre malos, si se piensa que solo en ese carácter son inteligibles o respetables para el niño los de los pueblos civilizados. «Tata Dios», que no tiene juguetes ni caramelos, y que se enoja con los niños malos o desobedientes, y los castiga, no se diferencia del «Cuco» sino en que éste hace siempre el mal, sin necesidad de enojarse previamente, porque es malo de profesión. También, si Dios no se enojase y no castigase, el niño no le haría pizca de caso. Y si no acostumbrase mandar cataclismos, terremotos, pestes, epidemias, etc., etc., para los remisos, tampoco darían mucho dinero para iglesias los creyentes adultos.

«Presentad al salvaje, dice Lecky, la concepción de un ser invisible, para ser adorado sin la ayuda de ninguna representación material, y será inhábil para entenderla. No tendrá fuerza o realidad palpable para su mente, y por lo tanto no podrá ejercer influencia sobre su vida. La idolatría es la religión común de los salvajes, simplemente porque es la única que sus condiciones intelectuales pueden admitir, y, en una forma o en otra, continuará hasta que esas condiciones hayan sido cambiadas.» Cuando lo sean, la mente del semisalvaje será un almácigo de seres invisibles, que más tarde llegarán a ser incomprensibles, para el ex salvaje; es así como el progreso de las luces ha hecho increíble la brujería, y el testo sagrado, «no permitirás que una bruja viva», ha quedado recitable, pero impracticable.

Impidiendo o prohibiendo la cultura intelectual y la tolerancia, que es la cultura moral, las iglesias cristianas que llevaban en sí el cielo y el infierno, la civilización y la barbarie, suprimieron las posibilidades mentales para las partes superiores de sus propias doctrinas, y éstas quedaron incomprendidas, en letra muerta, mientras eran letra viva las partes inferiores durante los diez siglos de la era precientífica, en los que la civilización cristiana, con infierno y diablos, brujas, duendes, hechiceros y magos, íncubos, súcubos, silfos, gnomos, etc. con servidumbre, esclavitud y torturas, no se distinguía de la judía o la musulmana sino por su mayor ferocidad.

La música misma la entiende o la desentiende cada uno proporcionalmente a la afinación o a la desafinación de su oído, y cae de su peso que nadie puede comprender y sentir sino lo que esté a su alcance intelectual y moral; los fundadores de religiones no han sido espíritus comunes, sino excepcionalmente superiores, y por ende casi siempre incomprendidos por sus coetáneos, hasta perseguirlos y matarlos.

Una tendencia natural nos lleva a pensar y sentir que todo lo que sea excelente debe ser creído, propagado y difundido. Pero creer no es entender ni sentir: todo puede ser creído, desde lo absurdo hasta lo incomprensible; por eso hay tantas religiones en el espíritu humano como vientos en la atmósfera; pero no todo puede ser entendido y sentido por todos. Una idea grande no puede caber en un espíritu estrecho, ni un sentimiento generoso arraigar en un alma mezquina. Por esto, la credulidad no puede suplir a la intelectualidad. El creyente de una religión puede creerla toda entera, pero solo podrá entender la parte correspondiente a sus entendederas, y solo ésta entrará a ser componente substancial de su espíritu, y se traducirá en sus acciones, quedando lo demás en calidad de simple inquilino verbal, en palabras recitables, pero irrealizables.

* * *

Si bastase creer una doctrina superior para adquirir una capacidad intelectual y moral superior, no habría explicación posible para los 1.800 años de barbarie cristiana que han corrido paralelamente al sermón de la Montaña.

«Detrás de la cruz está el diablo», dice el proverbio; debajo del cielo está el infierno. El cristianismo eclesiástico, nacido en tiempos bárbaros, con suplicios eternos y dichas perpetuas, y por esto diabólico y divino a la vez, mitad bárbaro y mitad sublime, es directamente asimilable hasta por los salvajes en lo que tiene de salvaje; pero en lo que tiene de sublime solo por los espíritus elevados, o por los temperamentos excepcionalmente buenos, que aparecen aun entre los completamente bárbaros.

Se explica así que todo enardecimiento religioso haya sido acompañado siempre de un recrudecimiento correlativo de barbarie, lo mismo en la Escocia de Knox que en la Suiza de Calvino o en la España de Torquemada.

El desarrollo del espíritu humano en sus diversas faces, durante la civilización grecorromana, podría ser figurado por un zigzag ascendente, que termina hacia el fin del imperio, eclipsándose hasta desaparecer por completo bajo una forma de moralismo que entendía prescindir de todas las formas de actividad mental que habían prosperado bajo el paganismo; así dio lugar al reflorecimiento colateral de las supersticiones primitivas, relegadas por aquéllas al segundo plan, pero no extinguidas.

Es lo que ocurriría hoy mismo si fuesen clausuradas las escuelas y destruidos los libros, suprimida la prensa y proscritas las formas modernas del pensamiento. Las formas anteriores, siempre subyacentes, tomarían el lugar vacante, ascendiendo al primer plan; los taumaturgos, las reliquias y las imágenes milagrosas desalojarían otra vez a los médicos; los teólogos a los letrados; el látigo a los métodos pedagógicos; y la letra, de nuevo convertida en vehículo de absurdos sagrados, volvería a entrar con sangre por las partes traseras del discípulo recalcitrante.

Descartado el desinterés por la seguridad o la esperanza de una recompensa a la virtud, la salvación del mal y de la muerte por medio de ceremonias, ritos y palabras mágicas, el mayor de los prodigios no era viable entonces, como no lo es hoy, en los espíritus instruidos o adiestrados al razonamiento, y era más viable entonces que hoy en los espíritus ingenuos, aclimatados a la causalidad misteriosa corriente. Repudiada por aquéllos fue aceptada por éstos, conjuntamente con la vegetación de supersticiones asiáticas, africanas y europeas, que en olla podrida circulaban en los bajos fondos del imperio romano, y que fueron también admitidas en parte y repudiadas en el resto, del mismo modo que tenemos hoy supersticiones subvencionadas, supersticiones toleradas y supersticiones proscritas por el estado.

No habría sido viable en tal ambiente sin asimilarse alguna parte del mismo que sirviera de puente entre lo viejo y lo nuevo; fue así como una gran parte de las divinidades perversas de la antigüedad, a las que se había transferido el terror de los salvajes a lo desconocido —haciendo la carrera de las ostras, que empezaron por ser humilde plato de los desheredados para terminar en preciado manjar de los pudientes—, han llegado a ser las columnas maestras en que descansa el poder de la Iglesia, de las clases privilegiadas y de las familias reinantes.

Erigida la pobreza de espíritu en virtud cristiana, por ser la condición más favorable a la admisión y a la conservación de la más maravillosa concepción humana, el descenso del espíritu crítico, así descalificado, fue la consecuencia inmediata, pero no fue suficiente en el comienzo. La credulidad natural basta para aceptar a fardo cerrado las creencias de nuestros mayores, cuando no se tiene ninguna, y es el mayor obstáculo para abandonarlas cuando se las tiene. La nueva verdad religiosa, pues, tuvo que entrar en el lugar de aquélla por la ancha puerta de las supersticiones, poniendo allí de guardia a la teología, para impedir el acceso a los nuevos arribantes de la misma o de otra estirpe; y fue precisamente el portero el que lo echó todo a perder.

El criterio de la verdad sobrenatural, era, entonces como hoy, el hecho sobrenatural: el milagro, esto es, el absurdo cumplido —en teología, como en teosofía, en espiritismo, curanderismo o «christian science»—. El milagro cristiano se realizaba contra el diablo y los dioses paganos que se suponía ser sus representantes; luego, la primera cosa ratificada por el milagro era la preexistencia del diablo, pues sin esto aquello carecía de razón de ser. Los milagros buenos implicaban los milagros malos, como la eficacia de un remedio confirma la existencia de la enfermedad correspondiente; y el diablo cristiano, que era la personificación resumen de todas las potencias maléficas, de todos los dioses bárbaros del pasado bárbaro de la humanidad, acoplado desde el primer momento al sermón de la montaña, pudo causar más de diez siglos de barbarie efectiva, paralelamente a la más elevada moral teórica, y a renglón seguido de la más alta civilización de la antigüedad clásica.

En efecto, en el siglo VII, que señala el «Nadir» del espíritu humano, empieza la preponderancia de las formas ancestrales resurgentes en pos de la desaparición del filosofismo, y la tenebrosa onda de infernalismo barbarizante que arranca de esa sima espiritual, oscurece a la Edad Media, destruyendo vidas y bienes, y retrasando por siglos el desenvolvimiento de la ciencia positiva y de los sentimientos humanitarios, porque constituye la base económica del poder de la jerarquía eclesiástica, que es en lo que está el secreto de sus exageraciones periódicas y de su duración. Hasta bien adelante del siglo XVIII, las mujeres sucumbieron en la horca o en la hoguera, a decenas de millares en el solo renglón de la brujería, como los hombres por el de la herejía, inhumanidades provenientes de la moral religiosa, y que no cejaron hasta el advenimiento de la moral humana.

* * *

La lucha por la vida suscita en cada especie las calidades correspondientes a sus condiciones particulares, reales o imaginarias. Es por lo menos muy dudoso que la condición de asustado del infierno y perseguido por los demonios, haya valido para apartar del mal a los hombres, ya que éstos han sido peores en las épocas en que ha imperado con más fuerza, y lo son todavía en las regiones y en las capas sociales en que está más difundida. Esa condición comporta modos específicos de pensar, sentir y de obrar, variables según su intensidad y el temperamento personal, desde la limosna a los pobres hasta la construcción de templos, desde la simple devoción preservativa hasta el misticismo y el delirio perseguidor, en que se transforma de suyo el delirio exacerbado de las persecuciones.

En la primera forma, «el santo terror del infierno» cubrió de iglesias, conventos y ermitas el Asia Menor, el Egipto y la Europa; en la segunda, originó las cruzadas y las órdenes de caballería religiosa, engendró la Inquisición y los Jesuitas; en fin, suscitó las guerras intercristianas, en las que los perseguidos por los mismos demonios, se perseguían a matarse, por su fe en diferentes preservativos, marcando el momento en que la imbecilidad religiosa llega al clímax en el cristianismo: porque éste se ha reducido al mínimum y el diabolismo ha llegado al máximum.

«¡Qué malos somos cuando tenemos miedo!», dice Anatole France; y en efecto, los mismos animales domésticos, asustados, pierden ipso facto su mansedumbre, y se tornan aún más peligrosos que en el estado salvaje. El peligro, asustando a los tímidos, los vuelve peligrosos, haciendo desalmados y feroces a los humildes; cuando los hombres más galantes y aristocráticos están enfurecidos por el miedo, son también un gravísimo peligro recíproco, aun para las mujeres, como ocurrió en el Bazar de Charité, de la calle Jean Goujon, en París. Los peligros teológicos engendraron el pánico religioso; la facilidad para asustarse y la inclinación a asustar, explotados en el terreno político, produjeron por el peligro político el terror político, en círculo vicioso, y así se produjo en las sociedades cristianas la reversión a los métodos de las sociedades salvajes.

Las grandes catástrofes por disparadas locas en los teatros, en las iglesias, en los naufragios, son casos de ferocidad repentina y fulminante originada por el terror pánico de que proviene también seguramente, la mayor parte de los homicidios. Los jefes de la «Mashorca», que hacía temblar a los vecinos de Buenos Aires, eran tímidos que de miedo a ser degollados se hicieron degolladores. En el Uruguay, cuando las guerras jordanistas, un vasco ladrillero, que en su vida había degollado un cordero, obsesionado por los frecuentes degüellos, se ofreció para degollador oficioso, y en el primer candidato que le dieron, desnudo y atado de pies y manos en el suelo, chamboneó de tal manera, que la víctima, en sus retorsiones, rompió las cuerdas que le sujetaban los pies, se incorporó chorreando sangre, degollado a medias, y acometiendo a puntapiés al aprendiz de verdugo, lo increpaba: «Si no sabes degollar a qué te metes, ¡vasco de tal por cual!». Este, a su vez, respondía a puñaladas, que entraban en el vientre del prisionero como en un queso, hasta que el espectáculo colmó la medida, y un veterano salió de las filas de las tropas formadas en cuadro, para su edificación, y le puso término.

Si el primer hombre fue un salvaje, seguramente el primer dios concebido por la mente humana fue un demonio o cosa así; en efecto, la historia y la etnografía comprueban que, cuanto más salvajes son o han sido las agrupaciones humanas, tanto más bárbaros, es decir, tanto más diabólicos son o han sido sus dioses. Y también la recíproca: el ascendiente de las concepciones salvajes en el espíritu de los civilizados los pone salvajes. Todas las retrogradaciones accidentales o permanentes de la civilización han salido precisamente de la recíproca, porque el hombre tira por atavismo a las supersticiones bárbaras y se hace bárbaro, como la cabra tira al monte y se vuelve montaraz.

* * *

La tendencia antiliberal —tan característicamente diabólica—, de los políticos turcos, rusos, españoles e hispanoamericanos, a escarmentar siempre al pueblo con un exceso de represión, para quitarle hasta la tentación de reincidir en sus reivindicaciones, es una manifestación ulterior del espíritu diabólico adquirido en la escuela religiosa; y aparece también, por debajo, en la ferocidad de las insurrecciones populares, porque la barbarie no es monopolizable. Tal fue el origen, y tal el carácter de nuestras tiranías y de nuestras insurrecciones implacables: matar o morir en la contienda.

Se ha dicho que «la mente del hombre se impregna de los materiales con que trabaja como las manos del tintorero con los colores que manipula». Y, en efecto, los verdaderos endemoniados no fueron los sacrificados por tales, sino los sacrificadores; no las histéricas y los escépticos que perecieron en las llamas, inculpados de posesión o de sugestión diabólica, sino sus jueces, los investigadores de la eternidad macabra, los eruditos en suplicios eternos, los tétricos doctores en demonología, compenetrados por el ambiente de horrores en que residía su espíritu; ellos anticiparon el infierno en la tierra con la tortura y la hoguera, la delación y la traición, porque el hábito embota la sensibilidad; el eterno pensar y representarse los suplicios sobrenaturales los había insensibilizado para los dolores propios o ajenos, porque el ambiente es el alfarero de las acciones humanas, pues, como ser vivo, el individuo es un producto de la naturaleza y del medio social.

Hasta qué punto podían trastornar la inteligencia del adulto los terrores teológicos, implantados en el espíritu del niño colonial por los frailes españoles, lo sabemos por la historia de las guerras de religión; y hasta qué punto podían aplastar literalmente a los espíritus débiles de los indios y de los mestizos podemos inferirlo de las estadísticas de los manicomios, y por el augusto caso de aquel pobre Carlos II el Hechizado, que, de miedo al diablo, dormía cubierto de reliquias, rociado con agua bendita y con un fraile a cada lado de su cama.

Una dama de mi relación, educada en un convento de monjas, y no disponiendo de recursos para costearse frailes con olor a santidad, que velasen su sueño intranquilizado por el terror crónico, y atribuyendo a trajines de ánimas o duendes el galopar nocturno de los ratones en una casa vieja y contigua a un almacén de la calle Callao, en que residía, aún manteniendo encendido el pico de gas, obligaba a la cocinera a dormir en su propia habitación, y finalmente en su propia cama; tanto era el empobrecimiento de su espíritu por la credulidad natural complicada con cuentos de aparecidos. Y eso que pertenece a una generación que no ha tenido la desdicha de presenciar exorciones, esas ceremonias públicas, tan profundamente endemoniantes, en las que el sacerdote, revestido con todos sus adminículos mágicos, expulsaba a los demonios del cuerpo de los poseídos, como quien espanta loros de un maizal.

Probablemente el último caso de esta especie ha sido la de Carmen Marín, «la endemoniada o espirituada», en el que intervinieron el arzobispo, sacerdotes y monjas, que conmovió profundamente a la sociedad de Santiago de Chile, en el segundo semestre de 1857, y que se encuentra documentado con informes de médicos y de presbíteros, en la *Revista Médica de Santiago*, de octubre de ese año.

Bajo las patas del caballo de un ángel, que lo atraviesa con su lanza, en el centro de la iglesia de Villa del Pilar, en el Paraguay, he visto a un diablo en forma de lagarto, con alas de murciélago, sembradas de púas, enormes ojazos de búho y garras con uñas de buitre, y he pensado con pena en las pesadillas diurnas y en las noches de insomnio que la vista de semejante monstruo sobrenatural debe producir a los desventurados niños del pueblo.

Se comprende entonces que Francia, el discípulo de los jesuitas de Córdoba, y los López, discípulos de Francia, pudieran esgrimir con tan completa eficacia el terror político sobre una población moralmente deprimida por el terror religioso; así se entiende la profunda diferencia entre la política de la América del Sur, en la que las matanzas y las proscripciones fueron el principal instrumento de gobierno, y la política de la América del Norte, donde jamás se le ocurrió a ningún caudillo acudir a la intimidación de sus conciudadanos para subyugarlos o labrarse prestigios, porque 200 años antes había sido atenuada por bill de tolerancia la dieta de horrores infernales con que las iglesias cristianas alimentaban a los predestinados para el cielo.

Cuando la capacidad mental de la masa de la población fue ensanchada con la cultura científica, los descendientes de aquellos mismos cristianos bárbaros de antaño han podido retener menos diabolismos y más sermón de la montaña en su complexión intelectual ensanchada, con lo que ha cesado la guillotina crónica. La misma circunstancia había hecho cesar en su diabólica operación a los puritanos quemadores de brujas de la Nueva Inglaterra; y es a su ausencia que se debe la continuación de las matanzas de judíos en Rusia y de cristianos en Turquía.

* * *

Fue Sarmiento, en nuestro país, el que contribuyó más eficazmente a barrer del espíritu argentino con la difusión de las luces por la educación común, esa lamentable basura moral, que es el gobierno de los niños por el miedo al cuco y de los adultos por el miedo al diablo. Desvanecidos por el liberalismo creciente los terrores religiosos medioevales, ha venido cesando correlativamente el terrorismo político; y el diablo cristiano solo conserva su inmenso prestigio y el vasto rol que le crearon los visionarios de la Edad Media, en las familias aristocráticas educadas en los colegios de frailes y de monjas, y en las remotas campañas, por la crasa ignorancia.

Lo que el cristianismo tiene de salvaje y de insuperablemente bárbaro, lo que ha hecho algunas veces a los hombres más crueles y más desgraciados que los mismos animales salvajes, es la concepción del infierno con los tormentos eternos del diablo, con las brujas, los duendes, los fantasmas, etc., etc. Los espantosos refinamientos de la crueldad cristiana provinieron de esa escuela o ambiente espiritual de iniquidades y horrores sobrenaturales, pendientes sobre la existencia del creyente como la espada de Dionisio sobre la cabeza de Damocles.

Porque las cosas, los hechos y las ideas no nos chocan o escandalizan en la medida en que sean monstruosas, sino en la proporción en que salgan de lo ordinario; dejan de chocarnos cuando son o se vuelven ordinarios, como ocurre con la idea del pecado original y del juicio final, con el diablo, el purgatorio y el infierno, como ocurría con la incineración de las viudas en la India, antes de la dominación inglesa, como ocurre con el eunuquismo en los países musulmanes, con las mafias y las camorras en el sur de Italia, con las corridas de toros en España y con los linchamientos en Norteamérica.

La influencia del ambiente interior es análoga a la del ambiente exterior, y las monstruosidades imaginarias producen los mismos efectos que las reales, aunque en menor escala, variando también con el temperamento y la educación del sujeto que se las representa, las ve, las sabe o las oye referir.

Cuando la locura teológica llegó a ser el estado normal de las sociedades europeas, la sabiduría y la sensatez humanas parecían monstruosidades chocantes, y los sabios cuerdos fueron encarcelados, ahorcados o incinerados por los sabios teológicos. Cuando se sabía, con la más completa certidumbre, que los muertos estaban asándose por disposición de Dios en el purgatorio y el infierno, y cuando este hecho imaginario alcanzó en el espíritu de las gentes, por las predicaciones de los ministros del Señor, la vividez de un hecho actual, patente y visible, atravesar la lengua a los blasfemos con un fierro calentado al rojo, torturar a los acusados de delitos religiosos y quemar vivos a los condenados fueron hechos tan regulares como lo es hoy el de sentenciar a las personas a trabajos forzados o a presidio permanente; o el de matarlas en duelo para el hombre culto o sin duelo para el inculto; o el de quemar negros en Norteamérica, donde todos se caerían de espaldas el día en que un blanco fuera quemado vivo, siendo, probablemente, la idea de la combustión futura de los forajidos blancos lo que quita importancia en el espíritu del pueblo a la combustión inmediata de los forajidos negros, en simple anticipación de la justicia divina, por la doble odiosidad del crimen y del color del criminal.

«Solamente podemos ver fuera lo que tenemos dentro», dice Emerson; cuando estamos llenos de rencor, de iniquidad o de imbecilidad, en todas partes los encontramos; cuando estamos llenos de diablos y fantasmas, los vemos y los sentimos en todas partes, porque a todas partes los llevamos. Y lo que se ha hecho siempre con los niños, a título de «educarlos en las creencias de sus mayores», ha sido llenarles la cabeza de brujas, duendes y demonios y el resultado es que todo creyente está embrujado, endemoniado o «engualichado» por los demonios, las brujas o los «gualichos» en que cree, y predispuesto a creer en las demás zonceras de la misma especie, como la jettatura y el trece, verbigracia.

* * *

La teoría de los poderes divinos y de los poderes diabólicos para la explicación metafísica del bien y del mal, ha sido de una fecundidad prodigiosa para extraviar y trastornar la inteligencia humana. La fragmentación de los efectos, implicando la fragmentación o gradación de las causas, sugirió la subdivisión y ubicación de éstas en las personas, en las cosas, en las palabras, en los números, que vinieron a ser así, milagrosamente buenas o milagrosamente malas en diferente medida; escalonáronse las primeras en los ángeles, los santos, las vírgenes, las reliquias, las plegarias, hasta la simple agua bendita, y las segundas en los diablos, las brujas, los duendes, los hechiceros, hasta la inocente lechuza.

Ambos poderes fueron más completamente materializados todavía, de manera que hubo el olor de sanidad y el olor a diablo, sambenito que les cayó en lote al azufre y al ozono, resultante de la condensación del oxígeno del aire por el rayo. Naturalmente contra las partículas de poder diabólico en los sortilegios, daños, encantamientos y maleficios, bastaban las partículas de poder divino contenidas en las bendiciones, el bautismo, las reliquias y escapularios, o el puño en cruz; como basta el puño en cuernos contra la jettatura o el catorce contra el trece.

De la misma naturaleza, origen, materiales, formas y estructura inmoral de los dioses monstruosamente horribles y bárbaros de los pueblos salvajes, es el diablo: aterrador, seductor, astuto, traidor, hipócrita, dañino de oficio, perverso de profesión, deleitándose en el mal de los niños y de los adultos, obligados por las creencias de sus mayores a vivir en peligro perpetuo y en guardia permanente contra sus incansables asechanzas, especialmente encaminadas a malear a los buenos, para hacerlos caer, por la condenación divina, en su rebaño de condenados perpetuos, habiendo él mismo llegado a la impunidad absoluta de sus maldades ulteriores por haber incurrido desde la primera en el máximum de castigo. El ubicuo diablo cristiano es el subdios de la iniquidad, el summum del salvajismo sobrenatural.

Eterno e indestructible por construcción imaginaria, los ritos y las ceremonias mágicas no son más que una organización defensiva permanente contra sus poderes mágicos inextinguibles; los santos y los ángeles son una especie de gendarmería espiritual también, eficaz para herirlo y alejarlo, pero impotente para matarlo, porque está muerto. Consideramos que la impunidad de las malvados es desmoralizadora, pero no existe perversidad más grande y más impune que la de Satanás y sus legiones; si nuestros caudillos bárbaros han sido feroces, es porque el infierno y no el cielo era el más fuerte componente de las supersticiones de su espíritu.

En el ambiente de patrones apenas alfabetos, y de sirvientes y trabajadores totalmente analfabetos en que transcurría nuestra infancia, todos temían y nadie había visto nunca a Dios; pero todos habían visto, oído, olido o sentido al diablo, rondándoles el alma o pisándoles los talones, en mil circunstancias nocturnas o aun diurnas.

Demasiado elevado, complicado e inabordable el primero, solo ha descendido de las alturas y se ha dejado ver en muy contadas ocasiones, por los profetas elegidos al efecto, y allá en tiempos muy remotos; el segundo, en cambio, eminentemente democrático, anda suelto y sin aparato en la tierra, y se deja ver por todo el mundo en figura de hombre o de animal, sin ceremonias previas, en estado de gracia o de desgracia, sembrando gratuitamente el miedo y el terror. Son estos dos atributos, el terror y el miedo, los que deprimen la vida apocando el espíritu, hacen el caldo gordo para los atrevidos y producen larga cosecha de beneficios de toda especie para los proveedores de preservativos, porque «no hay mal que por bien no venga», como dice el refrán, y que no sea a la vez, sincera y ardientemente propagado y cultivado por los beneficiados, especialmente cuando ellos mismos están personalmente inmunizados a su respecto, porque las ideas más puras y los intereses más sórdidos suelen anudar en las profundidades del espíritu vinculaciones secretas que pasan totalmente inadvertidas a la conciencia más sinceramente honrada.

En el tiempo y en el medio en que yo era niño y crédulo, la condición espiritual del niño cristiano era el del unitario en tiempo de Rosas, según la descripción de Vélez Sársfield. «Se vivía entre pavores» porque la parte inteligible y corriente de la religión versaba sobre demonios perversos e incastigables, sobre suplicios infernales eternos, sobre mártires y santos, sobre buenas gentes, que se habían cocinado previamente en el purgatorio para acabar de ganar la bienaventuranza con las abstinencias y los sufrimientos de su vida miserable.

Todo el «folk lore», es decir, todo el material intelectual y moral circulante, versaba sobre basiliscos, salamandras, salamancas, aquelarres, hechiceros y doncellas encantadas, sobre el mandinga, la pericana, las brujas, los duendes, los fantasmas, que pueblan de visiones el espacio para los crédulos, y les hacen angustiosa la simple ausencia de la luz en la oscuridad de la noche.

Las mujeres de la casa que se agrupaban compungidas por la noche a rezar en alta voz, hacían la impresión de los sitiados que se preparan afanosamente a rechazar un ataque nocturno del enemigo. La portación del viático a un moribundo, desfilando de día con cirios o faroles encendidos, repicando campanillas por el centro de la calle, las gentes azoradas que se hincaban a rezar a la vista o al ruido de la eternidad que pasaba en procesión fúnebre encabezada por el cura, y el resto en la capilla mortuoria del hogar angustiado, hacían la impresión macabra de las ejecuciones capitales en la plaza pública, también con sacerdotes, con reo en capilla, y marchas fúnebres, y espectadores conmovidos.

Las personas de edad solían ser repertorios vivos de procedimientos ridículos para prevenir y para remediar males y peligros reales e imaginarios. El que bostezaba, se santiguaba sobre la boca abierta de par en par, a fin de impedir que Satanás se le entrase por ella aprovechando la coyuntura, y a la persona resfriada que estornudaba, se le decía con el mismo objeto: «Jesús lo ayude». Un notario, que era especialista en escrituras falsas para despojar a viudas, huérfanos y tilingos, y abanderado de todas las cofradías, que hacía punta en las procesiones y andaba permanentemente acorazado con escapularios benditos, llevaba sus precauciones contra el diablo en la mesa, hasta trazar una cruz preventiva sobre cada bocado que se llevaba al buche; y al finalizar sus picardías, defraudando al diablo y al infierno, se fue «derechito al cielo», arrepentido y contrito y «confortado con los auxilios de la santa religión», como rezaban los avisos fúnebres.

Pues, en efecto, la manera clásica de ser diablo contra el diablo consistía en ponerse bien con Dios, acogerse a la Iglesia, afiliarse a las cofradías, encomendarse a los santos y proveerse de reliquias y de indulgencias por mayor para hacer diabluras a mansalva y morir «quand même» en olor de santidad.

* * *

En la vida de aldea, que caracterizaba a la sociedad colonial, el diablo, con todos sus derivados, eran entidades domésticas omnipresentes y proteiformes, esencialmente malevolentes y obsesionantes. Era un invernáculo de supersticiones, a cargo y beneficio de un sembrador y cultivador oficial de los terrores ancestrales que marchitan la alegría de vivir en el niño y el buen humor en el adulto, para salvarles el alma.

Particularmente de noche, todos los incidentes insólitos eran atribuidos a las potencias diabólicas. Una combinación de luz y sombra a que la imaginación presta sus formas preconcebidas, un gato negro, un perro desconocido que se presenta de improviso en procura de restos de comida, un búho en excursión alimenticia, el espanto de un caballo, las luces y los ruidos sin causa conocida, todo era imputado a la peligrosa presencia del cazador furtivo de almas desprevenidas, y comprador generoso de almas en apuros, listo a concurrir donde lo llamasen o lo nombrasen, y cerrar trato sin regatear precio, asustando en sus momentos de buen humor a las buenas gentes, disfrazado de «viuda», como hace pocos años en el Rosario, o de «chancho», como en los suburbios de Buenos Aires, donde dio origen a la conocida milonga: «Corre que te corre el chancho», etc.

Como los perdedores a la ruleta, en Mar del Plata, que atribuían su mala suerte a los «patos» o mirones de atrás, si la leche o la crema se cortaban era porque habían sido miradas por una persona de mal ojo; si un árbol se secaba, era porque había sido tocado por una persona de mala sangre; capturar víboras o arañas vivas era cosa de brujería, etc., etc. Era consuetudinaria la tendencia a explicar las cosas comunes por causas maravillosas.

Del mismo modo que los chinos encienden por la noche una luz en la puerta de su casa, para ahuyentar a los malos espíritus, las casas tenían en la reja de la ventana o en la puerta de calle un manojo de ramas de olivo o de palmas benditas para espantar a los demonios; todos los sitios donde un hombre había sido asesinado, sin darle tiempo de arrepentirse de su vida para salvar su alma, tenían un nicho, en el que encendían velas por la noche los miedosos de las ánimas en pena.

El miedo a la soledad y a la oscuridad, que no existen en el niño educado laicamente, y que afligen a los niños educados «cristianamente» deprimen también a los adultos ignorantes y supersticiosos, con las más lamentables consecuencias, como, verbigracia, este caso que me fue referido por mi primo Roberto Suárez. En la estancia «El Cepillo», al pie de la cordillera, en una noche oscura y tormentosa de invierno, se sintieron gritos de niño. De catorce peones presentes en la casa, ni uno solo, ni todos juntos, se animaron a acompañarlo a ir en su auxilio, pretextando que debía ser el mismo demonio quien lloraba para atraerlos a una celada, acabando por contagiarle sus terrores a él, que era apenas un adolescente y que había sido educado cristianamente en el colegio de los jesuitas de esta capital. Al día siguiente encontraron, en efecto, a un pobre niño extraviado, acurrucado en el hueco de un árbol viejo y muerto de frío.

* * *

Nosotros, que habíamos visto, oído u observado muchas particularidades que se nos dijeron ser rastros o manifestaciones del fatídico personaje, acabamos, al fin, por encontrarnos con el «diablo» en persona y de manos a boca.

Fue en el departamento de San Vicente, hoy Belgrano, en la provincia de Mendoza. Un muchacho de la vecindad, que era mandado todas las tardes a segar pasto en una viña, teniendo que volver, ya entrada la noche, por una callejuela solitaria, con su fardo a cuestas, nos pedía que lo acompañásemos para achicarse el miedo con nuestra presencia, lo que solo podíamos hacer nosotros clandestinamente, regresando por el interior de la finca que se extendía hasta la precitada callejuela, y penetrando por la pared divisoria con una huerta vecina.

Una noche muy oscura, mi hermano, que iba adelante por el lomo de la pared, se detiene y, volviendo la cabeza, me dice en voz baja: «Volvámonos, que ahí está el diablo». ¿Dónde? le digo yo, levantando la cabeza por encima de sus espaldas, para mirar hacia adelante; y apenas le hube divisado, de poncho y chambergo, con una mano a la espalda, en actitud de sacar el cuchillo de la cintura y echando chispas por la boca, la nerviosidad consecutiva nos hizo resbalar a los dos y caer. Levantarnos y salir por el medio de la callejuela, y luego por el centro de la calle real como almas que corre el diablo, para llegar casi sin resuello y temblando de miedo a nuestra casa, a referir lo sucedido, fue cosa de un santiamén, que asimismo nos pareció eterno.

Entre los peones, alguno propuso ir todos juntos a verificar los hechos; pero, finalmente, ninguno se atrevió, y solo a la mañana siguiente se pudo ver, en el sitio de la aparición, que en un portillo, cerrado provisoriamente con palos, habían sido cortadas con cuchillo las ataduras de cuero que sujetaban los travesaños horizontales y robados éstos. Fue fácil inferir, entonces, que el ladrón fumaba, en esa circunstancia, uno de esos cigarrillos gruesos de picadura de tabaco tarijeño, con más palos que hoja, y que por esto solían despedir chispas como una chimenea.

Fue esa la vez en que nosotros experimentamos en mayor escala lo que se llama tan estúpida y diabólicamente «el santo terror del infierno».

Cuando la proporción de ácido acético en el vino es muy considerable, se le llama vinagre, y si con el mismo criterio hubiésemos de dar a las épocas pasadas el nombre del componente principal del espíritu y de la conducta humanos, deberíamos decir que la era satánica empezó a terminar en América en 1810; el reinado supersticioso del diablo recrudeció entre nosotros desde 1820 hasta 1852, para prolongarse en forma cada vez menos acentuada hasta el presente.

Libros a la carta

A la carta es un servicio especializado para
empresas,
librerías,
bibliotecas,
editoriales
y centros de enseñanza;
y permite confeccionar libros que, por su formato y concepción, sirven a los propósitos más específicos de estas instituciones.

Las empresas nos encargan ediciones personalizadas para marketing editorial o para regalos institucionales. Y los interesados solicitan, a título personal, ediciones antiguas, o no disponibles en el mercado; y las acompañan con notas y comentarios críticos.

Las ediciones tienen como apoyo un libro de estilo con todo tipo de referencias sobre los criterios de tratamiento tipográfico aplicados a nuestros libros que puede ser consultado en Linkgua-ediciones.com.

Linkgua edita por encargo diferentes versiones de una misma obra con distintos tratamientos ortotipográficos (actualizaciones de carácter divulgativo de un clásico, o versiones estrictamente fieles a la edición original de referencia).

Este servicio de ediciones a la carta le permitirá, si usted se dedica a la enseñanza, tener una forma de hacer pública su interpretación de un texto y, sobre una versión digitalizada «base», usted podrá introducir interpretaciones del texto fuente. Es un tópico que los profesores denuncien en clase los desmanes de una edición, o vayan comentando errores de interpretación de un texto y esta es una solución útil a esa necesidad del mundo académico.

Asimismo publicamos de manera sistemática, en un mismo catálogo, tesis doctorales y actas de congresos académicos, que son distribuidas a través de nuestra Web.

El servicio de «libros a la carta» funciona de dos formas.

1. Tenemos un fondo de libros digitalizados que usted puede personalizar en tiradas de al menos cinco ejemplares. Estas personalizaciones pueden ser de todo tipo: añadir notas de clase para uso de un grupo de estudiantes, introducir logos corporativos para uso con fines de marketing empresarial, etc. etc.

2. Buscamos libros descatalogados de otras editoriales y los reeditamos en tiradas cortas a petición de un cliente.

www.ingramcontent.com/pod-product-compliance
Lightning Source LLC
Chambersburg PA
CBHW021047130626
46552CB00005B/2057